약식명령 벌금감액을 위한 정식재판청구 실무지침서

약식명령
정식재판
벌금감액

편저 : 대한법률콘텐츠연구회

(콘텐츠 제공)

해설 · 최신서식

머 리 말

세상을 살다보면 전혀 예상하지 못했던 일로 수사를 받아야 하고 서류를 들고 경찰서나 검찰청에 찾아가는 일도 생기고 법정에 서서 재판을 받아야 하는 일이 생기면 누구든지 당황할 수밖에 없습니다.

그렇다고 해서 외면할 수도 없고 경찰서나 검찰청 또는 법원에서 보내오는 문서를 우체국의 집배원이 들고 집으로 찾아오면 가슴부터 덜컥 내려앉습니다. 그렇게 큰 죄를 진 것도 아닌데 수사기관이나 법원에서 오는 우편물은 좋은 일은 아니기 때문에 기분은 그렇게 좋지는 않습니다.

대부분은 당황스러움과 현실도피 등 여러 사유로 무 대응으로 일관하는 분들이 상당히 많습니다. 수사단계나 재판단계에서는 고소인이나 피고소인 모두 상호 대등한 상태에서 법적 판단을 구하는 것이므로 수사과정의 대응에 게을리 한다면 자칫 본인에게 불리한 결과만 생길 수밖에 없습니다.

전혀 예상하지 못했던 사고로 인하여 형사피고인이 되면 헌법 제27조 제3항이 정하는 바와 같이 상당한 이유가 없는 한 지체 없이 공개재판을 받을 권리를 가집니다(헌법재판소 1995. 11. 30. 선고 92헌마44 결정 참조). 여기서 약식절차는 통상의 공판절차를 거치지 않고 검사가 제출한 자료를 기초로 서면심리만으로 약식명령에 의하여 벌금·과료를 과하는 간이 한 형사절차로서, 소송경제상으로 유익하고 형사재판의 신속을 기할 수 있을 뿐만 아니라, 공개재판에 대한 피고인의 사회적·심리적 부담을 덜어주고 공판정의 출석을 위한 불필요한 시간과 노력을 피할 수 있다는 점에서 피고인의 이익을 보호하기 위한 제도라고 할 수 있습니다.

그런데 약식명령에 대한 정식재판청구절차에 불이익변경금지(형종 상향 금지 등으로 변경되었습니다) 규정이 도입된 이후 피고인의 정식재판청구가 증가하여 형사재판에서 정식재판청구사건이 차지하는 비중이 높아졌고, 이는 재판업무의 부담을 가중시켜 형사사건 전반에 대한 충실한 심리와 국민의 신속하고 공정한 재판을 받을 권리를 저해하는 문제를 초래해 왔습니다.

현행 형사소송체계상, 경미한 사건을 간이 한 절차에 의해 처리할 수 있는 형사절차에는 약식절차 이외에 간이공판절차와 즉결심판절차가 있습니다. 피고인이 범죄사실을 자백하는 경우에는 법익침해의 정도가 중한 형사합의사건도 간이공판절차에 포함되고, 간이공판절차를 논의하기 위해서는 인신구속 및 양형조사 제도, 증거법칙 등에 대한 검토가 종합적으로 이루어지고 있습니다.

또한, 즉결심판절차는 더 이상 효율화할 수 없을 정도로 간이화되어 있으며 즉결심판절차의 개선 방안은 전체 형사소송체계를 기준으로 입법론 차원에서 다루어져야 할 문제입니다.

정식재판청구는 약식명령이 발하여진 경우 그 재판에 불복이 있는 자가 법정기간 내에 통상의 공판절차에 의한 심판을 청구하는 소송행위를 말합니다.

약식명령은 약식절차에 의하여 재산형을 과하는 특별한 형식의 재판을 말하는데, 약식절차는 공판절차를 거치지 아니하고 원칙적으로 서면심리만으로 피고인에게 벌금 · 과료를 과하는 간이 한 형사절차를 의미합니다.

약식명령은 경미한 사안에 대하여 벌금 · 과료 등의 형을 과함으로써 단기자유형의 폐단을 방지할 수 있고, 부수적으로 국고수입의 증대를 기할 수가 있습니다. 분만 아니라 번잡한 공판절차를 거침으로서 파생되는 절차와 시일을 절약할 수 있어 소송경제상으로도 유익하고 형사재판의 신속을 기할 수 있으며, 공개재판에 따르는 피고인의 사회적 · 심리적 부담을 덜어주고 공판정의 출석을 위한 불필요한 시간과 노력을 피할 수 있다는 점에서 피고인의 이익을 보호하기 위한 제도라고 할 수 있습니다.

그 반면에 적정한 운용을 하지 못하면 형벌권을 약화시킬 뿐만 아니라 인권옹호에 소홀할 위험성이 있습니다. 약식절차는 검사가 제출한 자료를 기초로 서면심리에 의하여 형을 선고하는 재판절차이므로 헌법이 보장하고 있는 공정한 재판과 피고인의 신속한 공개재판을 받을 권리(헌법 제27조 제1항, 제3항)를 침해하는 것이 아닌가가 문제됩니다.

그러나 피고인에게 정식재판청구권이 인정하는 정식재판으로의 이행이 인정되고 있는 이상 합헌이라는 것에 대하여 이론이 없습니다. 특히 피고인은 정식재판청구를 포기할 수 없도록 하여 이를 뒷받침하고 있습니다(형사소송법 제453조 제1항 단서).

정식재판의 청구권자는 검사와 피고인입니다.

정식재판의 청구는 약식명령의 고지를 받은 날로부터 7일(일주일) 이내에 약식명령을 한 그 법원에 서면으로 하여야 합니다(형사소송법 제453조). 정식재판청구기간이 경과하면 정식재판청구권이 소멸하나, 일정한 사유가 있는 경우에는 정식재판청구권의 회복이 인정되며 이 경우에는 상소권의 회복에 관한 규정이 준용됩니다(형사소송법 제458조 제1항, 제345조 내지 제348조).

정식재판청구서에는 약식명령에 불복한다는 기재만 있으면 족하고 불복의 이유를 따로 기재할 필요는 없습니다. 그러나 실무에서는 정식재판청구서에 불복의 이유를 구체적으로 기재하여 제출하고 있습니다.

정식재판의 청구는 공소불가분의 원칙에 반하지 않는 한 약식명령의 일부에 대하여도 할 수 있습니다(형사소송법 제458조 제1항, 제342조). 정식재판의 청구가 있는 때에는 법원은 지체 없이 검사 또는 피고인에게 그 사유를 통지하여야 합니다(형사소송법 제453조 제3항).

정식재판의 심판 대상은 공소사실이며, 약식명령의 당부를 판단하는 것은 아닙니다. 약식명령에 구속되지 않고 사실인정, 법령적용과 양형에 관하여 법원은 자유롭게 판단할 수 있습니다. 약식명령 공소장에 기재된 공소사실에 한해서 현실적 심판의 대상으로 되고, 그 공소사실과 동일성이 인정되는 범위 내의 사실 전부가 잠재적 심판의 대상으로 됩니다. 공소사실의 동일성이 인정되는 범위 내에서는 공소장의 변경이 허용됩니다.

형사소송법이 개정되어 형사소송법 제457조의2(형종 상향의 금지 등) 제1항에 따라 피고인이 정식재판을 청구한 사건에 대하여는 약식명령의 형보다 중한 종류의 형을 선고하지 못한다. 제2항 피고인이 정식재판을 청구한 사건에 대하여 약식명령의 형보다 중한 형을 선고하는 경우에 판결서에 양형의 이유를 적어야 한다고 규정하고 있습니다.

정식재판을 청구한 사건에서 약식명령이 선고한 형보다 중한 종류의 형만 아니라면 판결서에 양형의 이유를 기재하고 약식명령보다 무거운 형을 선고하는 것이 가능하게 되었습니다.

예컨대 약식명령이 선고한 벌금형보다 중한 집행유예를 선고하는 때에는 판결서에 양형의 이유를 기재하여야 하고, 약식명령 벌금형이 100만 원을 200만 원으로 무거운 형을 선고하는 것은 가능합니다.

　　약식명령을 받은 피고인의 정식재판청구 사유 중 대부분이 양형부당을 사유로 하는 것입니다. 이를 세분해 보면 벌금 총액이 과중하다는 주장과 공동피고인의 벌금액에 비하여 과중하다는 형평성 주장, 그리고 벌금액 자체는 과중하지 않다 하더라도 분납·연납을 허용해 달라는 주장 등이 있습니다.

　　현행 형법은 정액벌금제를 취하고 있고, 실무는 벌금형 선고 시에 환형유치와 가납명령을 부가하고 있는데, 이러한 현 제도의 개선책으로 일수벌금제도, 벌금의 분납·연납제도 등을 도입하자는 논의가 있었습니다. 벌금형에 대한 집행유예제도를 도입함으로써 노역장유치에 따른 폐단을 방지할 수 있고, 벌금형이 「자유형+집행유예」보다 사실상 더 무거운 형벌로 받아들여지고 있는 현실에서 형벌의 왜곡현상을 수정할 수 있으며, 빈부의 차이로 인한 형벌효과의 불평등성이라는 벌금형의 근본적 한계를 완화하는 등의 효과를 기대할 수 있습니다.

　　다만, 집행유예를 할 수 있는 벌금형의 상한을 500만 원으로 제한하고 있는데, 이는 몇 가지 측면에서 심각한 문제를 갖고 있습니다. 벌금형의 집행유예제도를 도입하면서 벌금형의 상한을 제한하여 규정하는 것은 재고할 필요가 있습니다. 아울러 정식재판절차와 관련해서는 집행유예를 기대하고 약식명령에 대한 정식재판청구를 하는 사건의 급증이 우려되는 만큼, 정식재판청구의 오·남용으로 인한 불필요한 사법비용 증가를 막기 위한 제도적 보완조치가 시급한 상황입니다.

　　일반인에게는 약식명령을 송달받고 벌금의 액수가 너무 많아 정식재판청구서를 작성할 일이 평생에 한번 있을까 말까한 일이므로 즉각적으로 법적대응은 물론이고 혼자서도 얼마든지 정식재판청구서를 스스로 작성하고 약식명령을 발한 그 법원에 약식명령을 송달받은 날부터 7일(일주일) 내에 제출하고 벌금의 액수를 감액 받을 수 있는 정식재판청구서를 직접 작성하는 방법을 보다 자세히 수록한 실무 지침서를 권장해 드립니다.

- 법문북스 -

차 례

본 문

최신 서식

본문

제1장 약식명령 정식재판

형사피고인은 헌법 제27조 제3항이 정하는 바와 같이 상당한 이유가 없는 한 지체 없이 공개재판을 받을 권리를 가집니다(헌법재판소 1995. 11. 30. 선고 92헌마44 결정 참조). 약식절차는 통상의 공판절차를 거치지 않고 검사가 제출한 자료를 기초로 서면심리만으로 약식명령에 의하여 벌금·과료를 과하는 간이 한 형사절차로서, 소송경제상으로 유익하고 형사재판의 신속을 기할 수 있을 뿐만 아니라, 공개재판에 대한 피고인의 사회적·심리적 부담을 덜어주고 공판정의 출석을 위한 불필요한 시간과 노력을 피할 수 있다는 점에서 피고인의 이익을 보호하기 위한 제도라고 할 수 있습니다.

그런데 약식명령에 대한 정식재판청구절차에 불이익변경금지 규정이 도입된 이후 피고인의 정식재판청구가 증가하여 형사재판에서 정식재판청구사건이 차지하는 비중이 높아졌고, 이는 재판업무의 부담을 가중시켜 형사사건 전반에 대한 충실한 심리와 국민의 신속하고 공정한 재판을 받을 권리를 저해하는 문제를 초래해 왔습니다.

정식재판청구제도가 국민의 재판청구권을 온전히 구현하면서 다른 목적을 위해 남용되지 않도록 현 제도의 문제점을 찾아내어 개선하고, 보다 바람직한 정식재판청구제도를 정립해 나갈 필요가 있습니다.

현행 형사소송체계상, 경미한 사건을 간이 한 절차에 의해 처리할 수 있는 형사절차에는 약식절차 이외에 간이공판절차와 즉결심판절차가 있습니다. 피고인이 범죄사실을 자백하는 경우에는 법익침해의 정도가 중한 형사합의사건도 간이공판절차에 포함되고, 간이공판절차를 논의하기 위해서는 인신구속 및 양형조사 제도, 증거법칙 등에 대한 검토가 종합적으로 이루어져야 합니다.

또한, 즉결심판절차는 더 이상 효율화할 수 없을 정도로 간이화되어 있으며 즉결심판절차의 개선 방안은 전체 형사소송체계를 기준으로 입법론 차원에서 다루어져야 할 문제입니다.

제1절 정식재판청구의 의의

정식재판청구는 약식명령이 발하여진 경우 그 재판에 불복이 있는 자가 법정기간 내에 통상의 공판절차에 의한 심판을 청구하는 소송행위를 말합니다.

약식명령은 약식절차에 의하여 재산형을 과하는 특별한 형식의 재판을 말하는데, 약식절차는 공판절차를 거치지 아니하고 원칙적으로 서면심리만으로 피고인에게 벌금·과료를 과하는 간이한 형사절차를 의미합니다.

제2절 약식명령 및 정식재판청구의 기능

약식명령은 경미한 사안에 대하여 벌금·과료 등의 형을 과함으로써 단기자유형의 폐단을 방지할 수 있고, 부수적으로 국고수입의 증대를 기할 수가 있습니다. 뿐만 아니라 번잡한 공판절차를 거침으로서 파생되는 절차와 시일을 절약할 수 있어 소송경제상으로도 유익하고 형사재판의 신속을 기할 수 있으며, 공개재판에 따르는 피고인의 사회적·심리적 부담을 덜어주고 공판정의 출석을 위한 불필요한 시간과 노력을 피할 수 있다는 점에서 피고인의 이익을 보호하기 위한 제도라고 할 수 있습니다.

그 반면에 적정한 운용을 하지 못하면 형벌권을 약화시킬 뿐만 아니라 인권옹호에 소홀할 위험성이 있습니다. 약식절차는 검사가 제출한 자료를 기초로 서면심리에 의하여 형을 선고하는 재판절차이므로 헌법이 보장하고 있는 공정한 재판과 피고인의 신속한 공개재판을 받을 권리(헌법 제27조 제1항, 제3항)를 침해하는 것이 아닌가가 문제됩니다.

그러나 피고인에게 정식재판청구권이 인정하는 정식재판으로의 이행이 인정되고 있는 이상 합헌이라는 것에 대하여 이론이 없습니다. 특히 피고인은 정식재판청구를 포기할 수 없도록 하여 이를 뒷받침하고 있습니다(형사소송법 제453조 제1항 단서).

제3절 약식명령의 청구

약식명령을 청구할 수 있는 사건은 지방법원의 관할에 속하는 사건으로서 벌금 · 과료에 처할 수 있는 사건입니다(형사소송법 제448조). 벌금 · 과료에 처할 사건인 이상 지방법원의 관할에 속한 사건이면 단독판사의 관할사건인지 합의부의 관할사건인지를 불문하고 약식명령을 할 수 있습니다. 그 사건에 대하여 관할권(사물관할권, 토지관할권)이 없으면 약식명령을 할 수 없으며 이 경우에는 통상재판으로 이행한 후(형사소송법 제461조) 관할위반의 선고를 하여야 합니다(형사소송법 제319조).

약식명령으로는 관할위반의 재판을 할 수 없습니다. 피고인이 공소사실에 대하여 자백할 것을 요하지 않습니다. 약식명령의 청구는 검사가 공소제기와 동시에 서면으로 하여야 합니다(형사소송법 제449조).

공소의 제기와 약식명령의 청구는 별개의 소송행위로서 반드시 동일서면으로 해야 하는 것은 아니나, 실무상으로는 공소장에 약식명령 청구의 뜻이 부기되고 검사의 구형까지 기재된 특수한 서면을 이용하고 있습니다. 이 서면을 약식명령 공소장이라고 합니다(검찰사건사무규칙 제65조 제1항). 검사는 약식명령의 청구와 동시에 약식명령을 하는 데 필요한 증거서류와 증거물을 동시에 제출하여야 합니다(형사소송규칙 제170조).

제4절 약식명령청구사건의 처리

가. 약식절차의 심리

약식절차에서는 서면심리를 원칙으로 하므로 피고인신문 · 증인신문 · 검증·감정 등과 같은 증거조사 또는 압수 · 수색과 같은 강제처분은 원칙적으로 허용되지 아니하고, 피고인의 증거제출권도 인정되지 않습니다. 다만, 약식명령을 함에 필요하고 조사에 시일을 요하지 아니하며 약식절차의 본질을 해하지 않는 범위 내에서 적당한 방법에 의하여 수사기록에 첨부된 서류의 진위와 내용을 확인하는 등의 간단한 사실조사를 하는 것은 허용됩니다(형사소송법 제37

조 제3항 참조).

약식절차에도 형사소송법의 총칙 규정 및 재판 절차에 관한 일반적인 규정들은 그 성질에 반하지 않는 한 준용되나, 공판절차를 전제로 하는 규정들 즉 증거능력에 관한 규정이나 공소장 변경에 관한 규정은 적용되지 아니합니다.

나. 약식명령의 발령

약식명령으로 과할 수 있는 형은 벌금·과료·몰수에 한정되고(형사소송법 제448조 제1항), 관할위반·공소기각·면소·무죄의 재판을 하는 것은 허용되지 않습니다. 벌금액의 다과에 관한 제한이 없습니다. 약식명령에는 범죄사실, 적용법령, 주형, 부수처분과 약식명령의 고지를 받은 날로부터 7일 이내에 정식재판의 청구를 할 수 있음을 명시하여야 하고(형사소송법 제450조), 범죄사실은 별지로 첨부합니다.

약식명령은 그 청구가 있은 날로부터 2주일(14일) 이내에 하여야 합니다(소송촉진 등에 관한 특례법 제22조, 형사소송규칙 제171조). 이 규정은 약식명령의 신속을 도모하려는 데 그 취지가 있으나, 훈시규정에 불과하므로 그 기간 경과 후에 약식명령을 발한 경우에도 그 약식명령은 유효합니다. 약식명령의 고지는 검사와 피고인에 대한 약식명령등본의 송달에 의하여 합니다(형사소송법 제452조, 제42조).

약식명령은 정식재판의 청구기간이 경과하거나 그 청구의 취하 또는 청구기각의 결정이 확정된 때에 확정되며, 약식명령이 확정되면 확정판결과 동일한 효력이 있습니다.

다. 공판절차 회부

법원은 약식명령의 청구가 있는 경우에 그 사건이 약식명령으로 할 수 없거나 약식명령으로 하는 것이 적당하지 아니하다고 인정한 때에는 공판절차에 의하여 심판하여야 합니다(형사소송법 제450조). 약식명령을 할 수 없는 경우라 함은 법정형에 벌금이나 과료가 규정되어 있지 않거나 징역이나 금고 등의 자유형이 필요적 병과 형으로 규정되어 있는 경우, 소송조건이 결여되어 면소,

공소기각, 관할위반의 판결 등을 해야 할 경우 또는 무죄의 판결이나 형 면제의 판결을 해야 할 경우 등과 같이 약식명령 청구의 형식적 조건이 구비되어 있지 않은 경우와 형식적·구체적 소송조건이 구비되어 있지 아니한 경우, 제출된 증거자료에 의해서는 범죄사실의 합리적인 혐의가 증명되었다고 인정될 수 없는 경우 등입니다.

약식명령으로 하는 것이 적당하지 아니한 경우는 법률상 약식명령을 하는 것이 가능하기는 하지만 사안이 복잡하여 공판절차에 의하여 신중한 심리를 하는 것이 적당하다고 인정된 경우 및 공소장변경을 요하는 경우, 양형에 대하여 검사와 상당한 의견차를 보이는 경우 등 약식명령을 하는 것이 부적당하다고 인정되는 경우를 말합니다.

법원이 약식명령청구사건을 공판절차에 의하여 심판하기로 한 때에는 실무상 공판절차회부서를 작성하여 기록에 편철하고 공판기일지정, 공소장부본 송달, 피고인소환 등 공판절차를 진행하게 됩니다. 약식명령이 청구된 사건을 공판절차에 의하여 심판하는 경우에는 공소장일본주의의 취지 및 예단배제의 원칙에 비추어 법원을 변경하는 것이 상당하나, 약식명령의 청구를 심사한 법관이 보통의 심판에 관여 하더라도 전심절차에 관여한 것은 아니므로 경우에 따라 기피사유가 될 수 있을 뿐이며 제척사유가 되는 것은 아닙니다.

제2장 약식명령 정식재판청구

가. 청구

정식재판의 청구권자는 검사와 피고인입니다.

정식재판의 청구는 약식명령의 고지를 받은 날로부터 7일(일주일) 이내에 약식명령을 한 그 법원에 서면으로 하여야 합니다(형사소송법 제453조). 정식재판청구기간이 경과하면 정식재판청구권이 소멸하나, 일정한 사유가 있는 경우에는 정식재판청구권의 회복이 인정되며 이 경우에는 상소권의 회복에 관한 규정이 준용됩니다(형사소송법 제458조 제1항, 제345조 내지 제348조).

정식재판청구서에는 약식명령에 불복한다는 기재만 있으면 족하고 불복의 이유를 따로 기재할 필요는 없습니다. 그러나 실무에서는 정식재판청구서에 불복의 이유를 구체적으로 기재하여 제출하고 있습니다.

정식재판의 청구는 공소불가분의 원칙에 반하지 않는 한 약식명령의 일부에 대하여도 할 수 있습니다(형사소송법 제458조 제1항, 제342조). 정식재판의 청구가 있는 때에는 법원은 지체 없이 검사 또는 피고인에게 그 사유를 통지하여야 합니다(형사소송법 제453조 제3항).

나. 공판절차 회부

법원은 약식명령의 청구가 있는 경우에 그 사건이 약식명령으로 할 수 없거나 약식명령으로 하는 것이 적당하지 아니하다고 인정한 때에는 공판절차에 의하여 심판하여야 합니다(형사소송법 제450조).

약식명령을 할 수 없는 경우라 함은 법정형에 벌금이나 과료가 규정되어 있지 않거나 징역이나 금고 등의 자유형이 필요적 병과 형으로 규정되어 있는 경우, 소송조건이 결여되어 면소, 공소기각, 관할위반의 판결 등을 해야 할 경우 또는 무죄의 판결이나 형 면제의 판결을 해야 할 경우 등과 같이 약식명령 청구의 형식적 조건이 구비되어 있지 않은 경우와 형식적·구체적 소송조건이 구비되어 있지 아니한 경우, 제출된 증거자료에 의해서는 범죄사실의 합리적인 혐의가 증명되었다고 인정될 수 없는 경우 등입니다.

약식명령으로 하는 것이 적당하지 아니한 경우는 법률상 약식명령을 하는 것이 가능하기는 하지만 사안이 복잡하여 공판절차에 의하여 신중한 심리를 하는 것이 적당하다고 인정된 경우 및 공소장변경을 요하는 경우, 양형에 대하여 검사와 상당한 의견차를 보이는 경우 등 약식명령을 하는 것이 부적당하다고 인정되는 경우를 말합니다.

법원이 약식명령청구사건을 공판절차에 의하여 심판하기로 한 때에는 실무상 공판절차회부서를 작성하여 기록에 편철하고 공판기일지정, 공소장부본 송달, 피고인소환 등 공판절차를 진행하게 됩니다.

약식명령이 청구된 사건을 공판절차에 의하여 심판하는 경우에는 공소장일본주의의 취지 및 예단배제의 원칙에 비추어 법원을 변경하는 것이 상당하나, 약식명령의 청구를 심사한 법관이 보통의 심판에 관여 하더라도 전심절차에 관여한 것은 아니므로 경우에 따라 기피사유가 될 수 있을 뿐이며 제척사유가 되는 것은 아닙니다.

다. 정식재판청구기각결정

정식재판의 청구가 법령상의 방식에 위반하거나 청구권의 소멸 후인 것이 명백한 때에는 결정으로 기각하여야 합니다(형사소송법 제455조 제1항). 이 기각결정은 약식명령을 발한 판사가 할 수도 있고 정식재판을 담당하는 공판재판부가 할 수도 있으며, 기각결정은 청구인 및 통지를 받은 상대방에게만 고지하면 됩니다. 이 기각결정에 대하여는 즉시항고를 할 수 있습니다(형사소송법 제455조 제2항). 정식재판청구기간의 경과 또는 정식재판청구의 취하로 인하여 정식재판청구권이 소멸된 후에 정식재판이 청구되었음에도 불구하고 법원이 이를 간과하고 유죄·무죄의 실체 판결을 한 경우에는 항소심은 원판결을 파기하고 형사소송법 제455조 제1항에 의하여 결정으로 정식재판의 청구를 기각하여야 합니다.

라. 정식재판의 개시

정식재판의 청구가 적법한 때에는 공판절차에 의하여 심판하여야 합니다(형사소송법 제455조 제4항). 공소장과 같은 내용의 약식명령이 송달되어 있으며 피고인이 불이익을 받는 것은 없기 때문에 공소장의 부본을 피고인에게 송달할 필요는 없습니다(형사소송법 제451조). 이 경우의 공판절차와 약식절차는 동일 심급의 절차입니다.

약식명령의 송달 이외에는 통상의 공판청구가 있는 경우와 같은 절차가 진행됩니다. 정식재판을 청구한 피고인이 정식재판절차의 공판기일에 출석하지 아니하여 다시 기일을 정하였는데 피고인이 적법한 공판기일 소환장을 받고도 정당한 사유 없이 다시 그 정한 기일에 출석하지 아니한 때에는 피고인의 출석 없이 재판할 수 있습니다(형사소송법 제458조 제2항, 제365조).

또한 피고인만이 정식재판청구를 한 사건에서 판결을 선고하는 경우에는 그 지정한 선고기일에 피고인이 출석하지 않더라도 판결을 선고할 수 있습니다(형사소송법 제277조 제4호). 이와 같이 피고인의 출석 없이 선고할 수 있었는데도 그 기일을 연기하고 선고기일을 다시 지정하는 경우에는 새로 정한 기일에 대하여 적법한 기일소환의 통지를 하여야 합니다.

제3장 공판절차에 의한 심판

1. 심판의 대상

심판의 대상은 공소사실이며, 약식명령의 당부를 판단하는 것은 아닙니다. 약식명령에 구속되지 않고 사실인정, 법령적용과 양형에 관하여 법원은 자유롭게 판단할 수 있습니다. 약식명령 공소장에 기재된 공소사실에 한해서 현실적 심판의 대상으로 되고, 그 공소사실과 동일성이 인정되는 범위 내의 사실 전부가 잠재적 심판의 대상으로 됩니다. 공소사실의 동일성이 인정되는 범위 내에서는 공소장의 변경이 허용됩니다.

2. 형종 상향 금지

형사소송법이 개정되어 형사소송법 제457조의2(형종 상향의 금지 등) 제1항에 따라 피고인이 정식재판을 청구한 사건에 대하여는 약식명령의 형보다 중한 종류의 형을 선고하지 못한다. 제2항 피고인이 정식재판을 청구한 사건에 대하여 약식명령의 형보다 중한 형을 선고하는 경우에 판결서에 양형의 이유를 적어야 한다고 규정하고 있습니다.

정식재판을 청구한 사건에서 약식명령이 선고한 형보다 중한 종류의 형만 아니라면 판결서에 양형의 이유를 기재하고 약식명령보다 무거운 형을 선고하는 것이 가능하게 되었습니다.

예컨대 약식명령이 선고한 벌금형보다 중한 집행유예를 선고하는 때에는 판결서에 양형의 이유를 기재하여야 하고, 약식명령 벌금형이 100만 원을 200만 원으로 무거운 형을 선고하는 것은 가능합니다.

3. 양형과 관련된 유형

형을 정함에 있어서는 범인의 연령, 성행, 지능과 환경, 피해자에 대한 관계, 범행의 동기, 수단과 결과, 범행 후의 정황 등 양형조건을 참작하여야 합니다(형법 제51조). 양형조건 중에서 범인의 성행은 '일반적인 성행', '범죄전력 유무' 등, 범행의 결과는 '범죄구성요건에 포함되는 당해 범죄로 인한 구성요건적 손해(결과)', '당해 범죄로 인하여 초래된 구성요건 이외의 다른 결과', '범죄행위로 인하여 행위자에게 초래된 결과' 등, 범행 후의 정황은 '피해회복이나 피해감소를 위한 노력', '형사소송절차에서의태도', '범행 후 피해의 심화', '범행 후 새로운 범행', '사회적 생활관계의 안정화' 등이 각각의 양형인자를 구성합니다.

실무상 피고인이 정식재판절차에서 불이익변경금지원칙(형종 상향 금지 등)이 적용되는 사실을 잘 알면서 벌금의 납부시기를 늦추기 위한 의도로 정식재판청구를 하거나 항소를 제기하는 경우가 빈번한데, 이러한 사정을 책임요소로서 가중적 양형조건으로 참작하기는 어렵습니다. 다만, 이와 같은 경우 피고인에게 인정되는 방어권 행사의 범위를 넘어 악의적인 동기에 의한 것이거나 불법적인 방법에 해당되는 것으로 인정될 경우에는 행위불법의 정도를 가중하는 양형조건으로 참작할 수는 있을 것입니다.

4. 공소취소 등

정식재판청구에 의한 공판절차에서 공소의 취소를 불허하는 규정이 없으며 공소의 취소를 허용하지 아니할 실질적 이유도 없으므로 정식재판청구로 인한 공판절차에서도 공소취소가 허용됩니다. 이 경우에는 공소기각결정이 확정된 때에 약식명령이 실효됩니다. 정식재판의 청구에 의해서 약식명령이 당연히 실효되지는 아니하고, 정식재판의 청구에 의한 판결이 확정된 때에 그 효력을 잃습니다.(형사소송법 제456조). 검사의 공소취소에 의하여 공소기각결정이 확정된 때에도 같습니다.

5. 정식재판청구의 포기, 취하, 청구권회복청구

정식재판청구의 포기, 취하, 정식재판청구권 회복청구에 관하여는 상소의 포기, 취하와 상소권회복청구에 관한 규정이 준용됩니다(형사소송법 제458조 제1항, 제345조내지 352조, 제354조). 상소의 포기, 취하의 효력을 다투는 절차에 관한 규정(형사소송규칙 제154조)은 이를 준용한다는 명문 규정이 없으나 성질상 정식재판청구에서도이를 인정할 필요가 있습니다.

피고인은 정식재판청구권을 포기할 수 없는데, 이는 피고인의 정식재판청구권을 실질적으로 보장하려는 데 그 취지가 있습니다. 정식재판의 청구는 제1심판결 선고 전까지만 취하할 수 있고(형사소송법 제454조), 제1심판결이 내려진 후에는 그 확정 전이라도 정식재판청구를 취하할 수 없습니다. 이와 같이 취하의 시기를 제한한 것은 판결의 법적 안정성을 보호하려는 데 그 취지가 있습니다.

정식재판청구의 취하는 원칙적으로 서면으로 하여야 하나, 공판정에서는 구술로써 할 수 있습니다(형사소송법 제458조, 제352조). 약식명령에 대한 정식재판청구권의 회복청구를 하는 경우에는 약식명령이 고지된 사실을 안 날로부터 정식재판 청구기간에 상당한 7일(일주일) 이내에 서면으로 정식재판청구권 회복청구를 함과 동시에 정식재판청구를 하여야 합니다.

따라서 위 기간 내에 정식재판청구권 회복청구만 하고 정식재판청구를 하지 아니한 경우에는 그 정식재판청구권 회복청구는 방식을 결여한 것으로서 청구기각의 사유가 됩니다(대법원 1983. 12.29.자 83모48 결정).

6. 벌금형 제도

약식명령을 받은 피고인의 정식재판청구 사유 중 대부분이 양형부당을 사유로하는 것입니다. 이를 세분해 보면 벌금 총액이 과중하다는 주장과 공동피고인의 벌금액에 비하여 과중하다는 형평성 주장, 그리고 벌금액 자체는 과중하지 않다 하더라도 분납 · 연납을 허용해 달라는 주장 등이 있습니다.

현행 형법은 정액벌금제를 취하고 있고, 실무는 벌금형 선고 시에 환형유치와 가납명령을 부가하고 있는데, 이러한 현 제도의 개선책으로 일수벌금제도, 벌금의 분납·연납제도 등을 도입하자는 논의가 있었습니다. 벌금형에 대한 집행유예제도를 도입함으로써 노역장유치에 따른 폐단을 방지할 수 있고, 벌금형이 「자유형+집행유예」보다 사실상 더 무거운 형벌로 받아들여지고 있는 현실에서 형벌의 왜곡현상을 수정할 수 있으며, 빈부의 차이로 인한 형벌효과의 불평등성이라는 벌금형의 근본적 한계를 완화하는 등의 효과를 기대할 수 있습니다.

다만, 집행유예를 할 수 있는 벌금형의 상한을 500만 원으로 제한하고 있는데, 이는 몇 가지 측면에서 심각한 문제를 갖고 있습니다. 벌금형의 집행유예제도를 도입하면서 벌금형의 상한을 제한하여 규정하는 것은 재고할 필요가 있습니다. 아울러 정식재판절차와 관련해서는 집행유예를 기대하고 약식명령에 대한 정식재판청구를 하는 사건의 급증이 우려되는 만큼, 정식재판청구의 오·남용으로 인한 불필요한 사법비용 증가를 막기 위한 제도적 보완조치가 시급한 상황입니다.

제4장 전자약식절차

가. 전자약식절차의 대상

도로교통법 상 음주운전(제148조의2 제2항), 자동차 무면허운전(제152조 제1호), 원동기장치자전거 무면허운전(제154조 제2호) 사건 및 위 사건들과 관련된 사용자에 대한 양벌규정(제159조) 적용사건에 대하여 피의자가 동의하는 경우 전자약식절차에 의하여 처리합니다(약식전자문서법 제3조 제1항). 다만, 교통사고처리특례법위반사건 등 다른 사건을 병합하여 수사하거나 심판하는 경우에는 전자약식절차에 따를 수 없습니다(약식전자문서법 제3조 제2항).

피의자의 동의는 피의자가 형사절차전자화법에 따른 형사사법정보시스템48)에 사용자등록을 한 후 동의서를 전자문서로 작성·제출하는 방식으로 하는데, 이 동의서에는 약식명령이 형사사법포털에 올라 있는 사실을 통지받을 전자우편 또는 휴대전화 문자서비스 등 전자적 수단을 적어야 하고, 약식명령 청구 전까지 전자문서 또는 종이문서로 위 동의를 철회할 수 있습니다(약식전자문서법 제4조 참조).

나. 전자약식절차의 개요

검사나 사법경찰관리는 피의자신문조서 및 진술조서, 체포 및 석방에 관한 문서등 수사에 필요한 서류를 전자문서로 작성하고, 민원인이 제출하는 진단서, 탄원서 등전자문서로 작성할 수 없는 문서는 스캐너를 이용하여 전자화문서로 작성한다(약식전자문서법 제5조 제1항, 제6조 참조). 검사는 형사사법정보시스템을 통하여 전자문서로 약식명령을 청구하고, 전자문서 및 전자화문서를 약식명령을 하는 데 필요한 증거서류로서 법원에 제출합니다(약식전자문서법 제5조 제2항, 제7조 참조). 법원은 형사사법정보시스템을 통하여 검사가 제출한 전자문서 및 전자화문서를 접수한 후(사건번호는 '고약전'이라고 부여합니다), 약식명령이나 그 밖의 소송에 관한 서류를 형사사법정보시스템을 이용하여 전자적으로 송달하거나 통지합니다(약식전자문서법 제8조 참조).

법원이 전자약식명령청구사건을 공판절차에 회부하거나 검사 또는 피고인이 정식재판청구를 하는 경우, 법원은 검사에게 그 사실을 전자적으로 통지하고, 그때까지 검사가 형사사법정보시스템을 통하여 제출한 전자문서 및 전자화문서, 피고인이 형사사법포털을 통하여 제출한 전자문서 및 전자화문서, 법원에서 작성한 전자문서 및 전자화문서를 전자적으로 송부합니다.

검사는 이를 종이문서로 출력하여 법원에 제출하여야 합니다(약식전자문서법 제10조 참조). 약식전자문서법에 특별한 규정이 없으면 형사소송법 등 다른 법령이 적용되므로(약식전자문서법 제13조), 약식사건의 심리, 약식명령의 확정 및 효력, 공판절차 이행 후의 절차 등에 관한 형사소송법의 관련 규정들은 전자약식사건에 그대로 적용됩니다.

다. 양형과 관련된 유형

형을 정함에 있어서는 범인의 연령, 성행, 지능과 환경, 피해자에 대한 관계, 범행의 동기, 수단과 결과, 범행 후의 정황 등 양형조건을 참작하여야 합니다(형법 제51조). 양형조건 중에서 범인의 성행은 '일반적인 성행', '범죄전력 유무' 등, 범행의 결과는 '범죄구성요건에 포함되는 당해 범죄로 인한 구성요건적 손해(결과)', '당해범죄로 인하여 초래된 구성요건 이외의 다른 결과', '범죄행위로 인하여 행위자에게 초래된 결과' 등, 범행 후의 정황은 '피해회복이나 피해감소를 위한 노력', '형사소송절차에서의 태도', '범행 후 피해의 심화', '범행 후 새로운 범행', '사회적 생활관계의 안정화' 등이 각각의 양형인자를 구성합니다.

실무상 피고인이 정식재판절차에서 불이익변경금지원칙(형종 상향 금지로 변경됨)이 적용되는 사실을 잘 알면서 벌금의 납부시기를 늦추기 위한 의도로 정식재판청구를 하거나 항소를 제기하는 경우가 빈번한데, 이러한 사정을 책임요소로서 가중 적 양형조건으로 참작하기는 어렵습니다. 다만, 이와 같은 경우 피고인에게 인정되는 방어권 행사의 범위를 넘어 악의적인 동기에 의한 것이거나 불법적인 방법에 해당되는 것으로 인정될 경우에는 행위불법의 정도를 가중하는 양형조건으로 참작할 수는 있을 것입니다.

한편, 수사과정에서는 일체의 범죄사실을 자백하며 개전의 정상을 뚜렷하게 하여 가벼운 벌금의 약식명령을 고지 받고, 이후 정식재판청구를 하면서 범행을 부인하는 등 정식재판절차에서 죄질이 중한 양형인자가 발견되는 경우도 실무상 빈번합니다. 일반적으로 소의 제기 또는 제기된 소송에 응소하는 것은 헌법에 의하여 국민에게 인정된 권리실현 또는 권리보호의 수단이라고 할 것이나, 소권을 남용하거나 악의적으로 동일 또는 유사한 소송을 반복적으로 제기하는 경우에는 이에 대한 적절한 대응이 필요하다는 점에 대해서는 이론이 없을 것입니다.

정식재판절차에서 피고인이 악의적으로 약식명령에 대한 정식재판청구를 하고, 이로 인하여 선의의 피해자가 증인으로 출석하여 피해사실을 반복하여 진술해야 하는 상황에서도 불이익변경금지원칙(형종 상향 금지로 변경되었습니다)의 적용으로 약식명령에서 고지된 벌금형 이상의 형을 선고할 수 없게 된다면, '피해자의 인권 내지 권리보호'라는 측면에서 심각한 문제를 초래할 수 있습니다.

라. 피고인이 벌금형 대신 징역형의 집행유예를 원하는 사례

피고인 스스로 벌금형을 대신하여 징역형의 집행유예를 선고받기 원하는 사례도 자주 있습니다. 헌법재판소 2005. 3. 31. 선고 2004헌가27, 2005헌바8(병합) 전원재판부결정의 사안을 비롯하여 최근까지도 이와 같은 사례는 실무상 쉽게 찾아볼 수 있습니다. 다만, 형법 개정으로 벌금형의 집행유예제도가 도입되어 이와 같은 유형의 사례는 개정법 시행이후에는 더 이상 문제되지 않을 것으로 보입니다.

마. 재판절차와 관련된 유형

형법상 범행 후의 정황은 양형의 조건이고(형법 제51조에 규정하고 있습니다), 개전의 정상이 현저한 때에는 형의 선고를 유예할 수 있으므로(형법 제59조 제1항), 피고인의 자백과 진지한 반성은 중요한 양형요소가 됩니다. 피고인에게 인정되는 방어권 행사의 범위를 넘어 악의적인 동기에 의한 범행 부인이 행위불법의 정도를 가중하는 양형조건으로 참작될 수 있습니다.

피고인이 정식재판청구사건에서 불이익변경금지원칙(형종 상향 금지 등으로 변경되었습니다)의 적용으로 약식명령을 받은 벌금형보다 불리한 형을 선고받을 수 없고 징역형을 받을 염려가 전혀 없으므로, 무리하게 되는 측면이 있더라도 일단 범행을 부인하며 다수의 증인을 신청하는 등 재판절차를 지연하는 사례가 실무상 빈번하게 일어나고 있습니다. 이러한 사례는 범행 후의 정황이라는 양형인자와도 밀접한 관련이 있습니다.

그러나 다른 한편으로는 무죄 주장이 많아질수록 한정된 시간, 특히 정식의 구공판사건과 비교해 볼 때 짧은 시간에 일정한 수 이상의 사건을 효율적으로 처리해야 하는 정식재판청구절차에서, 정작 충실한 심리를 통해 무죄 여부를 판단해야 할 사건이 오히려 간과될 수 있는 위험이 있습니다. 실무상 피고인이 정식재판을 청구한 이후 공판기일에 출석하지 아니하여 기일이 공전되거나, 피고인이 불출석한 상태에서 판결을 선고하더라도 항소권회복청구 및 항소를 제기하여 벌금 집행을 또다시 연기하려는 시도도 적지 않게 발생하는 상황에서, 형사소송의 일반적 지도이념인 신속한 재판을 구현할 수 있는 제도적 개선의 필요성은 그 어느 때보다도 절실한 상황입니다.

바. 약식절차 심판대상 문제

현행법상 약식절차에서 가능한 재판의 범위는 벌금, 과료, 몰수 등의 재산형을 부과하는 것에 국한되므로(형사소송법 제448조), 기록상 공소기각, 면소, 형의 면제, 무죄의 사유가 명백할 때도 약식사건을 심리한 법관은 사건을 공판절차에 회부하는 방법밖에 없습니다.

친고죄(모욕 등)나 반의사불벌죄(폭행, 협박, 과실치상, 명예훼손 등)에 있어서 피해자가 피고인과 합의하여 고소를 취소하거나 처벌불원의 의사를 표시하는 경우 공소기각의 판결(형사소송법 제327조 제2호, 제5호, 제6호)을 한다든지, 확정판결, 사면, 공소시효 완성 등의 사유로 면소판결(형사소송법 제326조)을 하는 경우 등을 예로 들 수 있습니다.

또는 권리행사방해, 절도, 자동차등불법사용, 사기, 공갈, 횡령, 배임 등 친족상도례가 적용되는 범죄에서는 형의 면제가 문제될 수 있습니다. 한편, 무죄판결은 피고사건이 범죄로 되지 않거나 범죄사실의 증명이 없는 때에 하게 되는

데(형사소송법 제325조), 형벌에 관한 법령이 헌법재판소의 위헌 결정으로 인하여 소급하여 그 효력을 상실하였거나 법원에서 위헌·무효로 선언된 경우에 당해 법령을 적용하여 공소가 제기된 사건은 형벌조항이 헌법에 위반되어 무효인 경우에 해당하므로 제325조 전단에 따라 무죄판결을 선고할 수 있습니다.

한편, 실무상 서면심리만으로 무죄사유가 명백하여 무죄판결을 하는 경우는 찾아보기 어렵습니다. 약식절차에서 공소기각, 면소, 형의 면제, 무죄의 사유가 기록상 명백함에도 당해 사건을 공판절차에 회부하여 정식재판을 받게 하는 것은 신속한 사건처리의 이념 및 소송경제와 피고인의 이익에 부합하지 않는 측면이 있습니다.

서면심리결과 공소기각 등이 명백한 사건의 조기종결을 위해서는 약식절차 심판대상의 확대를 적극적으로 검토할 필요가 있습니다. 다만, 정식재판청구사건에서 공소기각 또는 면소의 재판을 할 것이 명백한 사건의 경우에는 피고인의 출석을 요하지 아니하고 경우에 따라 피고인은 대리인을 출석하게 할 수도 있으므로(형사소송법 제277조 제2호 참조), 실무상 불출석 재판을 적극 활용할 필요가 있습니다.

제5장 정식재판청구의 사유

가. 영형의 편차

피고인의 약식명령을 송달받고 정식재판청구 사유 중 실무에서 가장 많은 비중을 차지하고 있는 벌금액에 관한 이의는 형평성에 관한 것입니다.

형평성에 관한 이의는 폭력사건과 같은 범죄의 경우에 상피고인과 균형이 맞지 않는다는 것으로 어느 정도 사안의 실체와 관련이 되어 있으나, 특별법위반사건의 경우에는 노래방업자의 주류판매행위 등 동일한 행위에 대하여 양형편차의 문제를 제기하고 있습니다.

이는 전체 형사사법에 대한 신뢰 문제와도 무관하지 않을 뿐만 아니라 약식명령에 대한 불복률이 증가하는 결과로 귀결될 수가 있습니다.

양형편차를 줄여나가는 조치가 필요합니다.

벌금액에 관한 이의와 관련하여, 약식명령 상의 벌금의 액수가 검사의 약식명령예고통지에 기재된 벌금액보다 많다는 주장도 실무에서는 정식재판청구의 원인이 되고 있습니다.

검사는 약식명령청구통지서에 벌금(구형량)을 함께 피고인에게 통지하고 있습니다.

통지를 받은 상당수의 피고인은 구형량이 장차 피고인이 납부해야 할 확정된 벌금으로 이해하고 있고, 이로 인하여 법원이 약식명령을 발령함에 있어서 벌금액을 구형량보다 증액하는 경우에 피고인으로서는 이것을 납득하지 못하고 불복하여 정식재판을 청구하는 분들이 굉장히 많습니다.

나. 벌금을 감액 받는 방법

정식재판청구서에는 대부분 피고인들은 부채가 많습니다.

부양할 가족이 많습니다.

가족 중에는 장애가 있고 거동이 불편한 분이 있다는 양형자료를 내세워 약식명령에 대한 벌금을 줄여달라고 호소하는 분들이 가장 많은 편입니다.

벌금을 감액 받기 위해서는 피고인의 경제사정을 처음부터 정식재판청구서에서 밝히면 안 됩니다.

미리 어려운 사정부터 말씀드리면 절대 안 됩니다.

먼저 정식재판청구서를 통하여 피고인이 무슨 범행을 저지르고 실수하고 잘못을 깊이 후회하고 많은 것을 뉘우치고 반성하는 모습부터 보여주고 절대 이러한 범행을 다시는 저지르지 않을 것이라는 의지를 보여준 뒤에 경제사정을 말씀드리고 선처를 호소하여야 효과적입니다.

벌금의 감액을 호소하려면 같은 실수나 잘못이 재발하지 않을 것이라는 확신을 줄 수 있어야만 합니다. 더 필요한 자세는 이러한 일들이 다시는 일어나지 않게 하겠다는 그 약속을 하는 마음을 전달하는 것이 중요합니다.

정식재판을 청구하면서 벌금의 감액을 받기 위해서는 그 어느 때보다도 진정성이 필요하므로 자신의 저지른 실수나 잘못에 대해 끊임없이 자기성찰과 개선을 통하여 얼마든지 갖출 수 있습니다. 그러므로 피고인이 살아온 과정을 그대로 보여주시면 됩니다.

선처를 호소하기 위해서 피고인이 정성을 다한 모습으로 다가서야 재판장은 피고인의 진심을 보고 양형의 판단자료로 삼아 정상을 참작하고 양형(벌금)을 정하고 있습니다.

정식재판청구서를 통해 벌금의 액수를 줄이려면 첫째, 피고인이 잘 작성된 정식재판청구서를 제출하여야 합니다. 정식재판청구서에는 양형자료에 관하여 그만큼 잘 진술하여야 합니다. 둘째, 양형자료로 인정될 수 있는 방향으로 판단할 수 있도록 하여야 합니다. 셋째, 재판장이 현명한 판단을 하는 것 이 세 가지가 있어야 가능합니다.

구슬이 서 말이라도 꿰어야 보배다. 는 속담이 있듯이 검사가 약식명령을 청구한 사건인 경우에 피고인이 많은 구슬을 가지고 있다고 하더라도 피고인이 그 구슬을 꿸 줄 모르고 피고인이 가지고 있는 구슬은 양형자료로서 가치가 있는 구슬임에도 가치가 없는 구슬로 잘못 생각하는 피고인들이 많습니다.

재판장이 정식재판청구서만 읽고도 피고인의 양형자료로서 심증을 움직일 수 있도록 초점을 맞추고 논리에 맞게 작성하여야 합니다. 중요한 논리의 경우 반드시 증명할 수 있고 증거가 뒷받침되어야 효과적입니다.

정식재판청구서를 작성할 때는 재판장에게 여기에는 젓가락과 수저가 저기에는 밥이, 여기에는 된장국이, 저기에는 김치가, 여기에는 김치찌개가, 여기에는 시금치나물이 있습니다. 이것을 다 드시면 양형자료로써 피고인에 대한 정상을 참작하여 양형(벌금)을 감액할 수 있다는 식으로 재판장에게 밥상을 차려주는 것과 같은 마음으로 정식재판청구서를 작성하려고 하는 마음으로 작성하여야 합니다.

다. 벌금대체 사회봉사제도

벌금형은 범죄인으로 하여금 일정한 금액의 지급의무를 강제적으로 부담하게 하는 것을 내용으로 하는 형벌의 하나로, 행위자로부터 일정한 금액을 강제적으로 빼앗음으로써 금전적 고통과 기회상실을 부여하여 범죄행위를 처리하고 장차 법질서에 적합한 행위를 하도록 함을 목적으로 하고 있습니다.

이와 같이 벌금형은 재산의 박탈을 통한 응보와 일반예방의 효과를 충분히 기대하면서도 범죄인을 시설에 구금하지 않음으로써 사회복귀가 용이하고 시설 내 악습감염의 폐해도 없을 뿐만 아니라 관리 경비가 비교적 적게 드는 장점이 있기 때문에 단기 자유형의 대안으로서 현재 실제적으로 가장 많이 적용되고 있는 형벌입니다.

그러나 벌금형은 이러한 장점에도 불구하고 무 자력 자에 대한 집행의 곤란, 범죄인의 경제적 능력에 따른 형벌효과의 불평등 초래, 또한 범죄인이 재산박탈을 회피하거나 타인에게 그 부담을 전가하는 경우에는 형벌목적을 달성할 수 없다고 하는 본질적인 단점을 가지고 있습니다.

더욱이 벌금을 완납할 수 없는 경우에는 노역장에 유치해서 환형(換刑)처분(형법 제69조)을 하도록 하고 있기 때문에 범죄자의 빈부의 차에 의해 현저한 불평등이 발생하게 됩니다.

특히, 노역장유치라는 자유박탈과 관련하여, 단기자유형의 폐해를 방지하기 위하여 도입된 벌금형제도가 그 벌금의 미납 시에 다시 자유형(노역장유치)으로 환형된다고 하는 결과를 초래하고, 경제적 무능력자에 대하여는 사실상 자유형을 선고받은 것과 동일한 효과를 지니게 됨으로써 오히려 자유형의 집행유예를 선고받는 것을 원하는 형벌의 역전현상을 초래하는 단점을 가지고 있었습니다.

즉 경제적 무능력에 의한 노역장유치의 경우 경제적 불평등이 형벌의 불평등으로 이어지는 '형사사법 분야의 양극화' 원인으로 작용하였습니다. 이러한 문제점에 대한 반성에 따라 노역장유치 이외에 벌금납입을 대체할 방법이 모색되었고 그 대표적인 방안으로 벌금형의 집행유예제도도입, 벌금형에 대한 연납과 분납의 활성화, 벌금대체사회봉사제도 활성화 등이 거론되고 있습니다.

현행 제도상 벌금을 납입하지 아니할 경우 일률적으로 노역장에 유치하고 있어 벌금 납입의사가 있으나 경제적 능력이 없어 납입하지 못하는 경우 경제적 불평등이 형벌의 불평등으로 이어지고 있기 때문에, 경제적 무능력을 이유로 벌금을 납입하지 못한 사람에 대하여 노역장 유치에 앞서 미납벌금을 사회봉사로 대체하여 집행할 수 있도록 형법 제69조 제2항에 대한 특례를 마련함으로써 노역장 유치에 따른 범죄학습, 가족관계 단절, 구금시설 과밀화 등의 문제점을 해소 또는 최소화하는 동시에 벌금미납자에 대한 편익을 도모하려는 것입니다.

이전에는 벌금형이 확정되고 자발적으로 벌금을 납입하지 않으면 강제징수가 개시되거나 노역장유치가 집행되었는데 이제는 「벌금대체사회봉사제도」의 시행에 따라 벌금미납자가 신청하면, 검사의 청구에 의해 법원의 허가를 받아 보호관찰관이 집행하는 사회봉사를 이행함으로써 벌금을 상쇄할 수 있게 되었습니다.

벌금납입을 사회봉사로 대신할 수 있도록 하는 본 제도는 앞으로 노역장유치에 따른 범죄학습, 가족관계 단절, 구금시설 과밀화 등의 문제점을 최소화함과 동시에 벌금미납자에 대한 편익을 도모하여 경제적 능력에 따른 형벌의 불평등과 사회양극화를 해소하는 등 서민권익 보호에 큰 역할을 할 수 있을 것으로 기대되고 있습니다.

그러나 본제도 시행 이후 벌금을 납입하지 못해 사회봉사로 벌금 납입을 대신 하겠다고 신청한 인원이 않지 것으로 나타나고 있습니다. 그만큼 사회봉사제도의 활용도가 낮은 것입니다. 또한 사회봉사 허가를 받고서도 다시 허가취소를 당하는 경우가 매월 큰 폭으로 늘어나고 있고, 집행을 담당하는 보호관찰관의 집행 지시에 불응하여 허가취소를 당하는 경우도 계속 증가하고 있습니다. 뿐만 아니라, 미납 벌금액에 대한 사회봉사 환산 시간이 너무 길어 집행기간의 장기화를 초래함으로써 건전한 사회복귀에 장애요인이 되고 있기도 합니다. 또한 집행 기간 중 언제든지 벌금을 완납하면 사회봉사 이행을 더 이상 하지 않아도 되기 때문에 집행 현장에서의 감독에 어려움이 따르기도 합니다.

이와 같은 문제점을 극복하고 벌금미납자에 대한 사회봉사제도가 성공적으로 뿌리내리기 위해서는 형법에 시행 근거를 두도록 하는 등 입법체계를 재정비하고, 사회봉사 집행기간을 연장하고 허가 요건도 강화하는 등 법제도를 개선하여야 할 필요가 있습니다. 특히, 일일 산정 벌금액의 향상을 통해 사회봉사 환산시간을 대폭 완화함으로써 벌금을 납입할 형편이 되지 못하는 사람들이 적극적으로 사회봉사를 신청할 수 있도록 유도하여야 합니다.

행정 및 집행실무 측면에서도 집행을 담당하는 조직과 인력이 확충되어야 하며, 전문계약직 채용제도 도입 등 전문 사회봉사담당관 양성을 통해 내실 있는 집행기반을 마련하기 위한 방안도 동시에 검토해 보아야 할 것입니다. 이와 더불어, 지방자치단체, 복지시설 등 지역사회자원과 협력하여 적정 수혜자를 발굴하고 공동프로그램을 운영하며, 집행 완료 후 자원봉사자로의 활동을 연계 하는 등 지역사회와 함께하는 나눔의 터전을 마련해야 할 것입니다.

또한, 지역사회의 다양한 복지수요를 적극 반영하고, 대상자의 특기 등을 고려하여 사회봉사를 집행함으로써 그 효과성을 높일 수 있는 다양한 집행프로그램을 개발할 필요가 있습니다. 그리고 1일 벌금액 또는 사회봉사기간 증감을 통한 대상자 확보가 이루어지기 위해서는 법원행정처 및 관계당국의 지속적인 논의가 필요할 것입니다. 또한 벌금대체 사회봉사제도 및 기능과 효과 등을 다각도로 적극적으로 홍보하여 대상자의 자발적인 참여를 유도함과 동시에 지역사회 집행 협력기관의 확대를 도모할 필요가 있습니다.

한편 생계가 어려운 서민들이 사회봉사 집행을 평일, 주간에 함으로써 사회봉사집행 기간 중 생업 유지가 어렵고, 중식비와 교통비 등의 부담이 큰 실정입니다.

이와 같이 사회봉사 대상자 대부분이 경제적 사정이 어려운 사람들이라는 특성을 고려해 볼 때, 사회봉사 대상자의 중식 비를 예산에 반영할 수 있는 방향으로 나아가야 합니다. 또한 벌금미납자가 이행하기에 적합한 집행 분야를 추가로 개발하고 전국 단위 상시 집행 프로그램과 협력기관을 발굴하여 연중 언제든지 다수의 인원도 소화할 수 있는 시스템을 갖출 필요가 있으므로 기업체, 지역사회자원의 적극적인 협조를 이끌어낼 필요가 있습니다.

라. 벌금 분할 납부 제도

현재 검찰에서는 벌금을 분납할 수 있는 제도를 마련하고 있습니다. 하지만 누구나 벌금을 분납할 수 있는 것이 아니고 다음과 같은 일정한 요건에 해당하는 사람만이 벌금을 분납할 수 있도록 하고 있습니다. [벌금 분납 연납 대상자] ①국민기초생활 보장법상의 수급권자, ②국민기초생활 보장법상의 차상 위계층 중 다음 대상자(가. 「의료급여법」 상 의료급여대상자, 나. 「한부모 가족 지원법」 상 보호대상자, 다. 자활산업 참여자), ③장애인, ④본인 외에는 가족을 부양할 자가 없는 자, ⑤불의의 재난피해자, ⑥납부의무자 또는 그 동거 가족의 질병이나 중상해로 1개월 이상 장기치료를 요하는 자, ⑦기타 부득이 한 사유가 있는 자. [벌금의 분납 시 납부기한] 일부납부 또는 납부연기 기한은 6개월 이내로 합니다. 해당 일부납부 또는 납부연기의 사유가 소멸되지 아니하는 경우 검사는 3개월의 범위에서 그 기한을 다시 연장할 수 있습니다.

최신서식

정식재판청구서 최신서식

정 식 재 판 청 구 서

사 건 : ○○○○고약○○○○호 폭행(상해)

피 고 인 : ○ ○ ○

부산지방법원 약식계 귀중

정 식 재 판 청 구 서

1.피고인

성명	○ ○ ○	주민등록번호	생략
주소	부산시 ○○구 ○○로 ○○, ○○○-○○○호		
직업	회사원	사무실 주 소	생략
전화	(휴대폰) 010 - 1890 - 0000		
사건번호	부산지방법원 ○○○○고약○○○○호 폭력(상해)		

2.청구취지

위 피고인에 대한 폭력행위 등 처벌에 관한 법률위반(상해) 피고사건에 관하여 벌금 300만원에 처한다는 약식명령등본을 ○○○○. ○○. ○○. 송달받은 바 있으나 피고인은 이 명령에 전부 불복하므로 정식재판을 청구합니다.

3.청구이유

(1) 이 사건 공소사실의 요지

본건 공소사실의 요지는 [피고인이 ○○○○. ○○. ○○. 15:40경 부산시 ○○구 ○○로 ○○, 24시 편의점 앞 노상에서 자기 차에 올라타 시동을 거는 것을 피해자가 열려진 차문을 잡고 막음에도 차를 출발시켜, 피해자를 차에 매단 채 약 3, 4미터 진행하여 피해자에게 요치 2주의 좌 전완부 좌상 등 상해를 가한 것이다] 라고 함에 있습니다.

(2) 피고인의 변소 요지

　가. 피고인은 공소사실 일시 및 장소에 피해자와 같이 있었던 점, 피해자와 금전적 문제를 놓고 실랑이를 벌인 점, 피고인이 처음 차에 승차하여 시동을 걸었을 때 피해자가 와서 출발을 막은 점은 인정합니다.

　　그러나 피고인은 공소사실과 같이 피해자를 차에 매단 채 주행하여 피해자에게 상해를 가한 사실은 전혀 없습니다.

　나. 처음부터 피고인은 사무실 안에서 피해자가 데리고 온 ○○○과 ○○○으로 하여금 금전적 문제를 두고 이야기를 하였습니다. 피고인은 이미 전주에 선약이 잡혀 있었기 때문에, 피해자 측에게 자세한 이야기는 다음에 하자고 말한 후, 사무실을 빠져 나와 차에 승차하여 시동을 걸었습니다.

　　그런데 피고인을 뒤쫓아 온 피해자는 피고인 차의 운전석 창문을 두드려 피고인으로 하여금 동 창문을 열게 한 후, 열려진 창문으로 손을 넣어 차의 핸들과 피고인을 마구잡이로 붙잡았습니다.

　　피고인은 잘못하면 차가 움직여 사고가 나겠다는 생각에 우선 시동부터 끄고 차에서 내렸습니다.

　　따라서 이 시점에서 피고인의 차는 전혀 주행한 바 없습니다.

　다. 차에서 내린 피고인은 피해자 측과 좀 더 이야기를 하다가, 다시 차에 승차하였습니다.

　　피해자는 이때 피고인 차의 왼쪽 뒷좌석 문 근처에서 차체에 손만 살짝 올려놓은 채 서있었습니다.

　　피고인은 피해자 측과의 실랑이가 소강상태에 있게 되어 "차를 바로 대겠다."고 말하면서 피해자 측의 주위를 돌린 후 차를 출발시켰습니다.

　　피고인 차가 주차된 곳의 바로 앞에 교차로가 있었기 때문에, 피고인은 차를 서행시켰습니다. 피해자는 피고인의 차가 출발하자 차체 뒷부분을 손으로 치면서 항의하기는 하였지만, 공소사실과 같이 차에 매달린 채 끌려간 사실은 전연 없었습니다.

(3) 공소사실에 관한 증거에 대하여

　가. 공소사실에 관한 증거로는 ① 피해자 및 ○○○의 진술, ② 피해자에 대한 상해진단서, ③ 피해자가 제출한 녹취록이 있습니다.

　　피고인이 폭행행위 자체를 부인하는 본건에 있어, 위 각 증거 중 폭행행위에 대한 직접적인 증거는 피해자 및 ○○○의 진술뿐입니다.

　　상해진단서는 피해자의 상해발생 사실에 관한 증거에 불과하고 녹취록은 그 내용 중 폭행시점의 상황이 빠져 있기 때문에 폭행 사실에 대한 정황 증거에 불과합니다.

　　후술하는 바와 같이 녹음 당시 상황 및 폭행시점의 장면이 누락된 점에 비추어 볼 때, 오히려 녹취록은 공소사실이 사실무근이라는 피고인의 변소에 적극 부합합니다.

　나. 그렇다면, 본건의 주된 쟁점은 폭행 사실의 존부라고 할 것인바 이에 관한 판단은 피해자 및 ○○○진술의 신빙성 여부에 달려 있다 할 것입니다.

　　특히 그러나 피해자 및 ○○○의 진술은 후술하는 바와 같은 사정들에 비추어 볼 때 선뜻 믿기 어렵습니다.

(4) 피해자 및 ○○○의 각 진술에 관한 신빙성 검토

　가. 피해자 및 ○○○와 피고인 간의 소송관계

　　1) 피해자는 ○○○○. ○○. ○○. 피고인에 대하여 부산지방법원 ○○○○가소○○○○호로 손해배상청구 소송을 제기, 현재도 재판이 계속 중에 있습니다.

　　　피해자는 동 소송에서 피고인에게 금 ○○,○○○,○○○원의 지급을 구하고 있습니다. 본건 공소사실의 상해가 요치 2주의 경상임을 감안할 때, 동 청구액은 현저히 과다합니다.

이와 같은 피해자의 제소 태도로 미루어, 피해자가 피해 사실을 매우 과장하고 있는 점은 쉽게 알 수 있다할 것입니다.

2) 한편 피해자는 ○○○와 함께 ○○○○. ○○. ○○. 피고인에 대하여 부산지방법원 ○○○가단○○○○호 임금청구 소송도 제기하여 재판이 계속 중에 있는데 동 소송에서 피해자는 금 ○,○○○,○○○원의 지급을, ○○○는 무려 금 ○○,○○○,○○○원의 지급을 각 구하고 있습니다. 한편, 동 소송의 공동원고인 피해자와 ○○○은 한 때 서로 사귀었던 연인사이인 것으로 보입니다.

3) 즉 피고인과 피해자 및 ○○○ 간에는 합계 금 ○○,○○○,○○○원 상당의 거액이 걸린 재판이 진행 중에 있고, 본건의 유ㆍ무죄 여부는 동 재판에 큰 영향을 미칠 것으로 보인다는 것입니다.

따라서 본건 재판 결과에 거액의 금전적 이익이 결부되어 있는 이상, 피해자 및 ○○○은 피고인에게 일견 불리한 듯 보이는 점에 관하여 이를 확대ㆍ왜곡할 뿐 아니라 반대로 피고인에게 유리한 사항에 대하여 이를 은폐ㆍ축소할 가능성이 매우 큽니다. 그래서 피해자 및 ○○○의 공소사실에 대한 진술의 신빙성에는 일정한 한계가 존재할 수밖에 없습니다.

나. 피해자 및 ○○○의 각 진술 간 내용 불일치

1) 피고인이 승차 후 일단 내렸다가 다시 승차하여 출발했는지 여부에 관하여

가) ○○○는 피해자의 바로 옆에서 본건을 목격하였던 것으로 보입니다. 그럼에도 불구하고 피해자 및 ○○○의 각 진술에는 서로 일치하지 않는 부분들이 상당 부분 존재합니다. 또한 이와 같은 불일치 부분들은 사소한 것에 관한 것이 아니라, 본건에 있어 의미 있는 사항에 관한 것들입니다.

나) 피고인의 변소에 의할 때, 본건은 〈①승차 및 시동 → ②피해자가 운전석 창문을 통해 피고인을 붙잡음(피고인 차는 정차 중)

→ ③시동 끈 후 일단 하차 → ④다시 승차 후 출발(공소사실과 같은 폭행은 없음))의 순서로 진행됩니다.

이에 대하여 피해자는 피고인이 중간에 하차한 적이 없다고 주장합니다. 즉, 피해자의 주장에 의하면, 피고인은 승차 후 피해자가 출발을 막자 중간에 하차하지 않고 바로 주행하여 피해자를 다치게 하였다는 것입니다.

다) 이에 반하여, ○○○는 경찰에서 조사를 받으면서 "○○○가 바쁘다며 차에 올라타서 시동을 거는 것을 보고 ○○○을 붙잡아 당기며 이야기 좀 하고 가라고 하자, 차에서 내렸는데 다시 바쁘다며 올라타려고 해서 ○○○이 잡아 당겼고."라고 진술한 바 있습니다.

피고인의 중간 하차에 관한 진술 자체만 놓고 볼 때, 이는 딱히 피해자 측에나 피고인 측에나 유리하거나 불리한 면이 없기 때문에 거짓이 개입될 가능성이 적습니다. 따라서 ○○○의 진술 중 중간 하차의 점에 관한 부분은 진실이라 할 것이고, 중간 하차 사실에 바탕을 둔 피고인의 변소와도 부합합니다.

(5) 결론

위에서 살펴 본 바와 같이, 피고인의 본건 폭행 사실에 관한 직접 증거인 피해자 및 ○○○의 진술은 믿기 어렵고, 증인 ○○○, ○○○의 증언내용은 오히려 피고인의 변소에 적극 부합한다 할 것입니다.

따라서 본건 공소사실은 범죄의 증명이 없는 때에 해당된다 할 것인바, 피고인은 귀원께서 형사소송법 제325조에 따라 피고인에게 무죄를 선고하여 주시기 바랍니다.

소 명 자 료 및 첨 부 서 류

(1) 피고인에 대한 진단서   1통

○○○○ 년 ○○ 월 ○○ 일

위 피고인 : ○ ○ ○   (인)

부산지방법원 약식계 귀중

(2) 정식재판청구서 - 음주운전으로 적발되어 뼈저리게 반성하며 벌금이 너무 많아
    가혹하다며 감액을 호소하는 정식재판청구서 최신서식

정 식 재 판 청 구 서

사 건 : ○○○○고약○○○○호   도로교통법위반(음주운전)

피 고 인 : ○   ○   ○

대구지방법원 포항지원 귀중

정 식 재 판 청 구 서

1. 피고인

성명	○ ○ ○		주민등록번호	생략
주소	경상북도 포항시 ○○로 ○○길 ○○○, ○○○호			
직업	상업	사무실 주 소	생략	
전화	(휴대폰) 010 - 2939 - 0000			
사건번호	대구지방법원 포항지원 ○○○○고약○○○○호 도로교통법위반(음주운전)			

2. 청구취지

　　피고인을 벌금 400만원에 처한다는 약식명령을 ○○○○. ○○. ○○. 송달받았으나, 피고인은 이 약식명령에 대하여 벌금액수가 너무 많아 불복이므로 정식재판을 청구합니다.

3. 청구이유

(1) 피고인은 ○○○○. ○○. ○○. 도로교통법 위반 음주운전으로 인하여 이건 처분을 받았습니다.
　　음주운전을 한 죄인으로서 피고인은 이건 처분에 대해 뼈저리게 뉘우치고 깊이 반성하고 있습니다.

(2) 피고인이 정식재판을 청구한 이유로는 운전면허를 취득한지 ○○년이 넘도록

한 번도 음주운전을 하지 않았고 교통법규를 위반한 전력이 없습니다. 음주운전 적발당시에도 음주운전을 피하고자 대리기사를 불렀고 대리기사가 집 앞에까지 왔는데 주차를 잘하지 못해 피고인이 주차를 하다가 접촉사고를 내는 바람에 출동한 경찰관에 의하여 적발되었습니다.

(3) 이러한 피고인의 입장과 그 당시의 처지를 감안하시어 조금이나마 선처하여 주셨으면 하는 마음 간절합니다.
피고인은 노부모님과 초등학교에 다니는 어린자녀들을 부양하고 있는 한 가정의 가장입니다.
날로 커가는 아이들의 학비는 갈수록 늘어가고 어려운 가정형편으로 누구보다 열심히 살아보려 했던 피고인은 아직도 갚지 못한 채무가 무려 9,000만 원에 달하여 피고인이 지급받는 봉급으로는 채무에 대한 이자조차도 내기 어려운 상황입니다.

(4) 피고인은 앞으로 아예 술을 끊고 다시는 술을 먹고 음주운전을 하지 않겠다고 뼈저린 반성을 하고 가족 앞에서 맹세하였습니다.
자비로우신 재판장님께서 피고인의 현재 어려운 사정을 깊이 헤아려주시고, 앞으로 더욱더 올바르게 살아가겠으니 부디 이번 처분에 대해서는 조금이나마 선처하시어 벌금을 감액해 주시면 고맙겠습니다.

소 명 자 료 및 첨 부 서 류

(1) 약식명령서   1통

(2) 부채증명서   1부

○○○○ 년 ○○ 월 ○○ 일

위 피고인 : ○ ○ ○ (인)

대구지방법원 포항지원 귀중

(3) 정식재판청구서 - 정보통신망 이용에 관한 법률위반 벌금이 너무나 가혹하다며 간곡히 선처를 호소하는 정식재판청구서 최신서식

정 식 재 판 청 구 서

사 건 : ○○○○고약○○○○호 정보통신망법위반

피 고 인 : ○ ○ ○

창원지방법원 약식계 귀중

정 식 재 판 청 구 서

1. 피고인

성명	○ ○ ○	주민등록번호	생략
주소	창원시 ○○구 ○○로 ○○길 ○○, ○○○-○○○호		
직업	회사원	사무실 주 소	생략
전화	(휴대폰) 010 - 3421 - 0000		
사건번호	창원지방법원 ○○○○고약○○○○호 정보통신망이용촉진 및 정보보호 등에 관한 법률위반(정보통신망침해 등)		

2. 청구취지

　　피고인을 벌금 300만원에 처한다는 약식명령을 ○○○○. ○○. ○○. 송달받았으나, 피고인은 이 약식명령에 대하여 벌금액수가 지나치게 너무 많아 불복이므로 정식재판을 청구합니다.

3. 청구이유

(1) 범죄사실의 요지

　　누구든지 정보통신망을 통하여 공포심이나 불안감을 유발하는 부호 문언 음향 화상 또는 영상을 반복적으로 상대방에게 도달하게 하여서는 아니 된다. 그럼에도 불구하고 피고인은 ○○○○. ○○. ○○.경 불상의 장소에서 피고인의 휴대전화기로(010-2345-0000) 피해자의 휴대전화기에(010-5678-000

0) '○○○이' 라는 내용의 문자메시지를 전송하여 피해자에게 도달하게 한 것을 비롯하여 위 일시 경부터○○○○. ○○. ○○.경까지 사이에 별지 범죄일람표 기재와 같이 총 ○○회에 걸쳐 피해자에게 위와 같은 방법으로 문자메시지를 전송하여 정보통신망을 통하여 공포심이나 불안감을 유발하는 문언을 반복적으로 도달하게 하였다.

(2) 피고인의 범죄는 피해자에 의하여 유발된 범죄입니다.

가. 피해자가 보낸 문자메시지들

피해자가 보낸 문자메시지를 파일로 만들어 첨부하였으니 참고하여 주시기 바랍니다.

(3) 피고인의 문자메시지 전송행위는 피해자에게 공포심이나 불안감을 유발하지도 않았습니다.

가) 피고인이 피해자에게 11회에 걸쳐 별지 범죄일람표 기재와 같이 문자메시지를 보낸 행위가 정보통신망 이용촉진 및 정보보호 등에 관한 법률 제65조 제1항 제3호에 해당한다고 하려면 피고인이 보낸 위 문자메시지가 피해자로 하여금 공포심이나 불안감을 유발하게 하는 글이라고 인정할 수 있어야 합니다.

나) 위 법조항의 공포심은 두려워하거나 무서워하는 마음을 가리키는 것이고 불안감을 유발하는 글 이란 문자로 보내진 통신의 내용이 상대방의 개인적 사정까지 고려하여 객관적으로 상대방에게 걱정·근심이나 약간의-공포심에는 이르지 않는 정도의-두려움을 직접적으로 야기할 정도에 이르는 것을 가리킨다고 이해하여야 할 것입니다.

다) 그런데 위 문자메시지는, 그 내용이 실제로 있었던 피해자의 무분별하고 난잡한 성관계 사실을 피해자에게 알리는 것으로서 어떤 해악을 고지·암시하는 것은 아니고, 그 표현은 피해자의 무분별하고 난잡한 성관계 사실을 비판하는 내용의 단어를 쓰고 있으므로, 표면상으로 위 문자메시지

로 인하여 직접적으로 공포심이나 불안감이 야기될 것으로는 여겨지지 않고, 다만 위 문자메시지를 받는 피해자로 하여금 다소간의 모욕감과 불쾌감을 느끼게 할 수 있을 것으로 보일 뿐입니다.

라) 따라서 위 문자메시지가 피해자에게 공포심이나 불안감을 유발하는 내용이라고 보기 어려우므로 이 부분 공소사실은 범죄의 증명이 없는 경우에 해당하여 무죄라고 할 것입니다.

특히, 범죄일람표 기재와 같은 문자메시지들은 성적인 표현 위주로 되어 있어 설령 모욕감을 줄 수는 있을지언정, 이를 두고 공포심이나 불안감을 유발한다고 보기는 어렵습니다.

더군다나 형벌법규는 문언에 따라 엄격하게 해석·적용하여야 하고, 피고인에게 불리한 방향으로 지나치게 확장해석하거나 유추해석 하여서는 아니 된다는 대법원의 일관된 입장을 감안하여 주셨으면 합니다.

(4) 피고인의 정상참작 사유

위와 같은 점을 고려할 때, 피고인에 대한 벌금 300만원 약식명령은 너무도 과중하다 할 것이므로 피고인은 정식재판청구를 하고자 합니다.

소 명 자 료 및 첨 부 서 류

(1) 약식명령서   1통

○○○○ 년 ○○ 월 ○○ 일

위 피고인 : ○ ○ ○   (인)

창원지방법원 약식계 귀중

(4) 정식재판청구서 - 폭행 상해 싸움을 말린 것이지 실제 폭행한 사실이 전혀 없으므로 무죄를 선고해 달라는 정식재판청구서 최신서식

정 식 재 판 청 구 서

사 건 : ○○○○고약○○○○호 상해

피 고 인 : ○ ○ ○

창원지방법원 통영지원 귀중

정 식 재 판 청 구 서

1.피고인

성명	○ ○ ○	주민등록번호	생략
주소	경상남도 통영시 ○○로 ○○, ○○-○○○호		
직업	상업	사무실 주 소	생략
전화	(휴대폰) 010 - 1345 - 0000		
사건번호	창원지방법원 통영지원 ○○○○고약○○○○호 상해		

2.청구취지

　　피고인을 벌금 200만원에 처한다는 약식명령을 ○○○○. ○○. ○○. 송달받았으나, 피고인은 이 약식명령에 대하여 공소사실 불인정으로 정식재판을 청구합니다.

3.청구이유

　(1) 서론

　　위 사건에 관하여 피고인이 신청 외 ○○○과 동 ○○○에게 폭행을 가하여 상해를 입혔다고 하여 벌금 200만원에 처한다고 하는 약식명령등본이 피고인에게 송달되었으나, 피고인은 전혀 피해자들에게 폭행을 가한 적이 없습니다. 오히려 피고인이 피해자이고 피해자들이 가해자입니다.

(2) 이 사건에 이르게 된 경위를 말씀드리겠습니다.

가. 피고인은 ○○○○. ○○. ○○. 12:50경 여자동창 2명, 남자동창 1명을 만나기 위해 약속장소인 통영시 ○○로 ○○, 소재 건물지하에 있는 ○○노래방으로 갔습니다. 위 동창들과 어울려 노래를 하고 있던 중 피고인의 처로부터 전화가 와서 로비로 나가 전화통화 중 뒤쪽에서 시끄럽게 싸우는 소리가 들려 돌아보니 피해자들이 서로 밀치며 심하게 다투고 있는 것을 목격했습니다.

나. 피고인은 전화를 마치고 피해자들이 싸우고 있는 곳으로 가서 싸움을 말리고 있었습니다. 그러자 위 ○○○이 피고인의 멱살을 잡고 피고인을 때릴 듯이 위협하였습니다. 잠시 후 피고인의 일행 중 한명인 신청 외 ○○○이 와서 피고인과 ○○○을 말렸고 곧 진정이 되어서 그들과 헤어졌습니다.

다. 피고인에게 피해자들이 다가와 피고인의 멱살을 잡고 주먹으로 피고인의 얼굴과 머리 등을 수차례 폭행하였으며, 피해자들도 같이 가세하여 손톱으로 피고인의 목과 얼굴을 할퀴고 구두코로 다리와 등을 수차례 폭행하였습니다.

라. 잠시 후 밖으로 나온 피고인의 일행이 이 광경을 보고 다시 싸움을 말렸고 진정이 된 후 피고인에게 분하지만 그냥 가자고 하여 억울한 감정을 진정시킬 겸 조금 걷다가 택시를 타고 가려는 마음으로 피고인은 혼자서 약 15분 정도 걸어가고 있었습니다.

마. 한참을 걸어가고 있는데 피해자의 일행이 다시 뒤쫓아 와 뒤에서 피고인의 목을 잡고 다시 자신들의 일행이 있는 곳으로 끌고 갈려고 하였습니다. 피고인이 놓으라며 뿌리치고 가려고 하자 ○○○이 억지로 피고인을 택시에 태웠습니다. 그 때 ○○○이 어디론가 전화를 하여 "지금 누구를 데리고 갈 테니 기다려라"라고 하였습니다. 택시를 조금 타고 가다가 택시가 신호대기 상태에 있을 때 피고인이 얼른 택시에서 내렸고 ○○○

도 다시 택시에서 내려 서로 옥신각신 다툼을 하였고 피고인이 경찰을 부른다고 소리치자 ○○○이 그래 부르자며 경찰에 신고가 들어갔고 피해자들의 일행과 피고인이 통영경찰서로 가서 조사를 받았습니다.

바. 조사과정에서 피해자 일행은 피고인에게 일방적으로 폭행을 당하였다고 주장하였습니다. 그러나 ○○○은 경찰서로 달려온 피고인의 처 ○○○에게" 오빠(○○○)가 오해해서 생긴 일이며 자신들은 남편 분에게 맞은 게 아니라 오빠와 남편분의 실랑이를 말리는 과정에서 넘어지거나 손에 눈이 스쳤을 뿐이며 경찰서까지 갈 일도 아닌데 오빠가 집에 가는 남편을 쫓아간 것이다 "라고 말했습니다.

(3) 공소사실 및 피해자들의 주장에 대하여 말씀드리겠습니다.

가. 위에서도 언급했듯이 피고인이 피고인의 처 ○○○로부터 걸려온 전화를 받기 위하여 노래방 카운터 쪽으로 갔을 때 피해자들이 서로 심하게 싸우고 있어 이를 말리려고 갔던 것이고 그 와중에 ○○○이 끼어들어 피고인이 피해자 일행으로부터 일방적으로 폭행을 당하여 상해를 입었던 것입니다.

나. 경찰조사기록에 보면 피고인이 피해자들이 말다툼을 하고 있는 것을 보고 아무런 이유 없이 일방적으로 피해자들을 때렸다고 되어 있으나(수사기록 각 1-2쪽, 6쪽, 11쪽) 이는 전혀 사실이 아닙니다.

상식적으로 생각해 볼 때 일반인이 전혀 알지도 못하고 이해관계도 없는 사람들이 싸우고 있는 곳에 끼어들어 싸움을 말리기는커녕 싸우고 있는 사람들을 일방적으로 폭행하였다는 것은 이해가 가지 않습니다.

또한 피해자들은 두 명이었고 또한 체격도 피고인보다 훨씬 크고 우람하였습니다.

그런 피해자들이 피고인으로부터 일방적으로 폭행을 당하였다는 것은 피해자들이 거짓말을 하고 있는 것입니다.

다. 피해자들이 폭행을 당하였다는 장소는 노래방내부로 만약 공소사실과 같은 그러한 일방적인 폭행이 있었다면 노래방 주인과 노래방 손님들이 나서서 말리거나 이를 목격하였을 것입니다.

그러나 피해자들이 피고인으로부터 폭행을 당하였다는 주장에 대하여 노래방 주인은 다음과 같이 피고인의 처에게 진술하였습니다.

즉 '여자 둘이 심하게 욕설을 하면서 싸우는 것을 보았고, 주인이 여자 둘에게 "이게 무슨 짓이냐" 며 음료수까지 주면서 훈계하였으며, 금방 화해한 후 노래방밖으로 나갔고, 남자 둘이 잠깐 옥신각신 하는 것은 보았지만 서로 때리거나 맞는 것을 보지 못했다. 로비에서 왔다 갔다 했지만 남자가 여자를 폭행한 것을 본적이 없고 그런 일이 있었다면 내가 먼저 신고했을 것이다'라고 했다고 합니다.

라. 피고인은 ○○○을 폭행한 적이 없는데'통영경찰서 피의자 동행보고서'를 보면"(2)피의자의 안면을 수회 구타하여 안경이 깨지는 등에 폭력을 행사한 것이다"라고 기록(수사기록 2쪽)되어 있는데 이는 전혀 사실이 아닙니다. ○○○이 진술한 피의자 신문조서에 보면"택시를 타고 파출소로 가던 중 상대방이 갑자기 내리려고 하여 제가 상대방을 잡는 과정에서 상대방이 도망가려고 팔을 뿌리치다가 저의 안경이 떨어트려 잃어 버렸습니다."라고 기록(수사기록 25쪽)되어 있는데 통영경찰서에 처음 갔을 때 ○○○이 마치 피고인에게 맞아서 안경이 깨진 것처럼 거짓진술을 하였던 것입니다. 이처럼 ○○○의 진술이 엇갈려 신빙성이 없음에도 불구하고 일방적으로 피해자들과 ○○○의 진술만으로 피고인을 기소한 것입니다.

마. 당시현장을 가장 잘 아는 ○○노래연습장 주인(성명불상)이 있었음에도 불구하고 위 사람에 대하여 참고인조사도 하지 않고 일방적으로 피해자들과 그 일행의 말만 들었습니다.

또한 사건 현장을 목격한 피고인의 친구 ○○○도 있었는데 위 ○○○의 말은 듣지도 않고 일방적으로 피해자 일행의 말만 들었습니다.

(4) 피해자들의 피고인에 대한 폭행에 대하여 말씀드리겠습니다.

피해자들은 일방적으로 맞기만 했지 피고인을 때리지 않았다고 진술하고 있으나(수사기록 6쪽, 11쪽) 이는 전적으로 거짓입니다.

피고인은 피해자들에게 폭행을 당하여 전치 2주의 상해를 입었으며(참고자료 1 진단서), 온 몸에 피해자들의 손톱자국과 피해자들의 구둣발에 차인 흔적을 보면 피해자들이 거짓말을 하고 있다는 것을 알 수 있습니다(참고자료2 각 사진). 또한 ○○○도 피고인을 때리지 않았다고 진술하고 있으나(18쪽), ○○○은 피고인의 머리를 수차례 때렸습니다. 이처럼 객관적인 증거가 명백함에도 피해자들 일행은 거짓말로 일관하고 있습니다.

(5) 피고인이 피해자를 폭행한 사실이 없습니다.

피고인은 노래방에서 피해자들을 폭행한 사실이 없으며 위에 밝힌 바와 같이 피해자들끼리 서로 싸우다가 생긴 상처를 피고인에게 뒤집어씌우고 있는 것입니다.

(6) 과중한 벌금

피해자들의 주장이 사실이라 하더라도 피고인에게 벌금 200만원에 처한다는 약식 명령은 너무 과합니다.

피고인의 경제사정에 비추어 보아 이는 너무 과한 것으로 감액하여 주시길 바랍니다.

(7) 결론

부디 재판장님의 높으신 혜안으로 피해자들의 진술이 거짓임을 꼭 밝혀 주시고 피고인과 같은 억울한 피해자가 다시는 생기지 않도록 피해자들의 잘못을 꾸짖어 주시기 바랍니다.

소 명 자 료 및 첨 부 서 류

(1) 약식명령서   1통

○○○○ 년 ○○ 월 ○○ 일

위 피고인 : ○ ○ ○   (인)

창원지방법원 통영지원 귀중

(5) 정식재판청구서 - 음주운전 벌금이 너무나 많고 가정형편이 어렵다며 감액해 달
    라고 선처를 호소하는 정식재판청구서 최신서식

정 식 재 판 청 구 서

사 건 : ○○○○고약○○○○호 도로교통법위반(음주운전)

피 고 인 : ○ ○ ○

춘천지방법원 원주지원 귀중

정 식 재 판 청 구 서

1. 피고인

성명	○ ○ ○	주민등록번호	생략
주소	강원도 원주시 ○○로 ○○길 ○○, ○○○-○○○호		
직업	회사원	사무실 주 소	생략
전화	(휴대폰) 010 - 2939 - 0000		
사건번호	춘천지방법원 원주지원 ○○○○고약○○○○호 도로교통법위반(음주운전)		

2. 청구취지

　　피고인을 벌금 400만원에 처한다는 약식명령을 ○○○○. ○○. ○○. 송달받았으나, 피고인은 이 약식명령에 대하여 벌금액수가 너무 많아 불복이므로 정식재판을 청구합니다.

3. 청구이유

(1) 먼저 피고인은 술을 먹고 운전을 하여서는 아니 되는 음주운전을 하여 진심으로 잘못을 깊이 뉘우치고 반성하고 있습니다.

(2) 피고인은 현재 경제적으로 매우 힘든 상황에서 음주운전을 한 범법자가 되어 뻔뻔스럽게도 존경하는 재판장님께 용서를 구하고자 이렇게 정식재판을 청구하게 된 것입니다.

(3) 피고인은 ○○○○. ○○. ○○. 20:48경 혈중알콜농도 0.113%의 술에 취한 상태에서 강원도 원주시 ○○로 ○○길 ○○, 농협 앞에서 급한 일을 마치고 귀가하던 중 피고인의 집까지의 거리가 약 200미터도 남지 않은 거리에서 음주운전을 단속하던 경찰관에 의하여 적발되었습니다.

(4) 입이 열 개가 있어도 술을 먹고 운전을 하였다는 자체에 대하여 집에서 저만 바라보고 있는 어린 자식들이나 아내에게 부끄럽고 미안해서 얼굴을 들지 못할 잘못을 했습니다.

(5) 피고인은 지금 이 시간에도 음주운전에 대한 잘못을 뼈저리게 반성하고 있고 어린 자식들에게 두 번 다시 음주운전을 하지 않겠다고 맹세하고 또 집사람에게 용서를 빌었습니다.

(6) 피고인은 열심히 살아보려고 최근에 집을 마련하면서 받은 대출금과 그 이자를 지급해야 하는데 지금 피고인이 벌어오는 급료로는 이것도 갚기가 힘든 처지에서 피고인이 납부해야 하는 벌금은 너무나 많이 나왔고 저의 형편으로는 감당하기 어려운 금액이오니 피고인의 딱한 처지를 헤아려 선처해 주셨으면 하는 마음 간절하여 이렇게 정식재판청구에 이른 것입니다.

소 명 자 료 및 첨 부 서 류

(1) 약식명령서   1통

(2) 재직증명서   1부

(3) 가족관계증명서   1통

(4) 부채증명서   1부

○○○○ 년 ○○ 월 ○○ 일

위 피고인 : ○ ○ ○   (인)

춘천지방법원 원주지원 귀중

(6) 정식재판청구서 - 폭행 협박 벌금액수가 너무나 많다는 이유로 벌금을 감액해 달라고 선처를 호소하는 정식재판청구서 최신서식

정 식 재 판 청 구 서

사 건 : ○○○○고약○○○○호 폭행 협박

피 고 인 : ○ ○ ○

청주지방법원 형사○단독 귀중

정 식 재 판 청 구 서

1. 피고인

성명	○ ○ ○	주민등록번호	생략
주소	청주시 ○○구 ○○로 ○○길 ○○, ○○○-○○○호		
직업	상업	사무실 주 소	생략
전화	(휴대폰) 010 - 9877 - 0000		
사건번호	청주지방법원 ○○○○고약○○○○호 협박		

2. 청구취지

　　피고인을 벌금 400만원에 처한다는 약식명령을 ○○○○. ○○. ○○. 송달받았으나, 피고인은 이 약식명령에 대하여 공소사실을 모두 인정할 수 없으므로 불복하여 정식재판을 청구합니다.

3. 청구이유

(1) 공소사실

　　피고인은 ○○○○. ○○. ○○.경 평소 잘 알고 지내는 ○○○로부터 피해자에게 빌려준 돈을 받아 달라는 부탁을 받고 ○○○○. ○○. ○○. 17:20경 청주시 ○○구 ○○로 ○○, 소재 식당으로 찾아와 피해자를 근처 공터로 데리고 간 다음 피해자에게" 당신은 왜 ○○○에게 빌린 돈을 갚지 않는가. 갚을 생각은 있는가. 갚겠다면 오늘 저녁 9시까지 우리 집으로 가지고 오라고"고 말해도 피해자가 아무런 대꾸를 하지 않자 피고인은 바지의 허리띠 뒤쪽에 가지고 있던 길이 15㎝되는 칼을 꺼내 이리저리 만지작거리면서"이것을 사용하고 싶지는 않지만 당신이 계속 벙어리행세를 하면 할 수 없다"라고 말하여 피해자가 피고인의 요구에 응하지 아니할 때에는 피해자의 생명 또는 신체에 대하여 어떠한 위해를 가할 듯한 태도를 보여서 피해자를 협박하였다는데 있습니다.

(2) 사실관계

공소사실에서는 피고인이 ○○○으로부터 부탁을 받고 피해자에게 돈을 갚으라고 협박을 한 것으로 밝히고 있으나 실제 피고인이 피해자에게 돈을 빌려주기 위해서 ○○○에게 건네준 돈으로써 피고인 돈입니다.

피해자도 피고인의 돈이라는 사실도 알고 있습니다.

피해자가 피고인에게 위 돈에 대해서 여러 번 이자를 보내온 사실도 있었습니다.

이에 대한 관련 자료를 경찰관에게 제시하였으나 담당 경찰관은 이에 아랑곳하지 않고 피해자가 둘러대는 거짓말만 의존한 채 피고인에게 혐의를 둔 수사기관에서 무엇인가 분명 큰 잘못을 범한 것이므로 피고인이 정식재판을 청구하게 된 불복이유 중 하나입니다.

또한 피고인이 피해자에게 찾아간 것은 사실이지만 어느 공원으로 피해자를 데리고 간 사실은 추호도 없었고, 피해자가 운영하는 식당에는 오후 5시 정도여서 식당 안에는 많은 손님들이 있었고, 그 손님들이 보았겠지만 피고인이 돈을 받기 위해 가면서 무슨 칼을 휴대하였다고 주장하는데 피고인이 칼을 휴대한 사실조차 없었고 돈을 갚으라고 독촉한 것이 어찌 협박이라는 것인지 이해가 안 가는 대목으로서 수사기관에서 사실관계를 수사하지도 않고 피해자가 둘러대는 거짓말만 의존한 채 피고인에게 협박혐의를 둔 수사기관에서 무엇인가 분명 큰 잘못을 범한 것이 분명하여 피고인이 정식재판을 청구하게 된 불복이유 중 하나입니다.

(3) 결론

피고인이 ○○○을 통하여 피해자에게 돈을 빌려준 것으로 1년이 가깝도록 피해자가 피고인에게 이자를 지급해 온 사실이 있었습니다.

피고인은 피해자에게 찾아간 것은 피해자가 운영하는 식당이었고 많은 손님들이 지켜보는 가운데 돈을 갚아 달라고 독촉한 것뿐입니다.

피고인이 빌려준 돈을 받기 위해 식당으로 가면서 칼을 가지고 간 사실도 전혀 없었습니다.

이에 대한 관련된 증거자료를 제시하였으나 수사기관에서는 피고인의 주장은 모두 배척하고 피해자의 주장 만에 의하여 피고인에게 유죄를 인정하고 이 사건 벌금 400만원의 약식기소 한 것은 부당하므로 피고인에게 무죄를 선고해 주시기 바랍니다.

소 명 자 료 및 첨 부 서 류

(1) 약식명령서   1통

(2) ○○○의 사실확인서   1통

○○○○ 년 ○○ 월 ○○ 일

위 피고인 : ○ ○ ○   (인)

청주지방법원 형사○단독 귀중

(7) 정식재판청구서 - 근로기준법위반 명의를 빌려준 것 뿐인데 벌금이 과다하여 감
  액 호소하는 정식재판청구서 최신서식

정 식 재 판 청 구 서

사 건 : ○○○○고약○○○○호 근로기준법위반

피 고 인 : ○ ○ ○

부산지방법원 동부지원 귀중

정 식 재 판 청 구 서

1.피고인

성명	○ ○ ○	주민등록번호	생략
주소	부산시 해운대구 ○○로 ○○길 ○○, ○○○-○○○호		
직업	상업	사무실 주 소	생략
전화	(휴대폰) 010 - 1248 - 0000		
사건번호	부산지방법원 동부지원 ○○○○고약○○○○호 근로기준법위반		

2.청구취지

   피고인을 벌금 250만원에 처한다는 약식명령을 ○○○○. ○○. ○○. 송달받았으나, 피고인은 이 약식명령에 대하여 벌금액수가 너무 많아 불복이므로 정식재판을 청구합니다.

3.청구이유

   (1) 피고인은 ○○○○. ○○. ○○. 근로기준법위반으로 벌금 2,000,000원의 처분을 받고 이건 처분은 피고인이 ○○○○. ○○. ○○.송달 받았습니다.

   (2) 피고인은 ○○○의 친척인 청구 외 ○○○이 찾아와서 자신의 이름으로는 금융부적격자라 사업을 할 수 없다며 피고인의 명의를 빌려주면 피고인의 이

름으로 사업을 착실히 해 추호도 피고인에게 누를 끼치지 않겠다고 사정을 하는 바람에 청구 외 ○○○의 간곡한 부탁으로 사업자명의를 빌려주자 청구 외 ○○○은 피고인의 이름으로 장수벽돌이라는 상호로 개인 사업을 하였습니다.

(3) 위 ○○○은 청구 외 ○○○과는 혈족관계의 친척으로서 청구 외 ○○○이 피고인으로부터 이름을 빌려 장수벽돌이라는 상호로 개인 사업을 하고 있다는 사실을 잘 알고 이에 대한 체불임금 또한 청구 외 ○○○이 지급하여야 한 다는 사실을 알면서 피고인의 명의로 사업자등록이 되어 있음을 전제로 하여 피고인을 고소한 사건에 대하여 검사가 피고인에게 근로기준법위반으로 벌금 2,000,000원으로 처분한 것은 부당하여 취소되어야 할 것입니다.

(4) 다만, 사업자등록명의를 피고인이 청구 외 ○○○의 부탁으로 빌려준 사실만으로도 법적책임을 면할 수 없다고 하더라도 피고인에게 처분 고지된 벌금 2,500,000원은 피고인의 가정형편 상으로는 너무나 가혹하고 무거운 형벌이라 아니 할 수 없습니다.

(5) 존경하는 재판장님께서 피고인의 현재 어려운 사정을 깊이 헤아려주시고, 앞으로 더욱더 올바르게 살아가겠으니 부디 이번 처분에 대해서는 조금이나마 선처를 간곡히 부탁드립니다.

소 명 자 료 및 첨 부 서 류

(1) 약식명령서   1통

(2) 가족관계증명서   1통

(3) 부채증명서   1부

○○○○ 년 ○○ 월 ○○ 일

위 피고인 : ○ ○ ○   (인)

부산지방법원 동부지원 귀중

(8) 정식재판청구서 - 명예훼손죄 벌금액수가 너무나 많아 가혹하다는 이유로 감액해
달라고 선처를 호소하는 정식재판청구서 최신서식

정 식 재 판 청 구 서

사 건 : ○○○○고약○○○○호 명예훼손죄

피 고 인 : ○ ○ ○

청주지방법원 영동지원 약식계 귀중

정 식 재 판 청 구 서

1. 피고인

성명	○ ○ ○	주민등록번호	생략
주소	청주시 상당구 ○○로 ○○길 ○○, ○○○-○○○호		
직업	회사원	사무실 주 소	생략
전화	(휴대폰) 010 - 9876 - 0000		
사건번호	청주지방법원 ○○○○고약○○○○호　명예훼손		

2. 청구취지

　　피고인을 벌금 250만원에 처한다는 약식명령을 ○○○○. ○○. ○○. 송달받았으나, 피고인은 이 약식명령에 대하여 벌금액수가 너무 많아 불복이므로 정식재판을 청구합니다.

3. 청구이유

(1) 피고인에 대한 범죄사실에 기재된 내용이 상당부분 전혀 피고인과 상관이 없는 것이 포함되었으며 경찰조사에서 진술한 내용과도 상당한 차이가 있으며 부과된 벌금이 너무 과하다는 생각에서 정식재판을 청구하오니 정상을 참작하여 주시기 바랍니다.

(2) 범죄사실에 기재된 내용은 피고인이 게시판에 올린 내용이 아닙니다. 피고인이 올린 내용인 것처럼 나열되어 있으나 피고인이 올린 것이 아닙니다.

피고인이 비방할 목적으로 게시판에 글을 올린 것처럼 적시되어 있습니다.

그러나 그 내용은 사실이 절대 아닙니다.

피고인은 피해자와의 알지도 못하고 무슨 원한과 이득이 있다고 글을 올릴 이유도 없습니다.

단지 피고인이 게시판에 올라온 글을 우연히 보고 역사인식을 오인한 글에 대하여 바로잡고자 비판의 글을 올렸던 것이지 결코 피해자의 명예를 훼손하기 위해 올린 것은 아닙니다.

(3) 이러한 피고인에게 피해자를 비방할 목적으로 허위사실을 적시하여 명예를 훼손하였다는 이유로 벌금 250만원으로 약식기소를 한 것은 너무나도 억울하고 무거운 벌이라 피고인의 가정형편으로는 이를 감당하기 어려운 상황입니다.

(4) 앞으로는 절대 이러한 일이 생기지 않도록 각별히 주의하고 피해자께 사죄의 말씀을 드리며 단지 잘못된 역사의식을 바로 알리기 위해 올린 글이 피해자의 명예를 훼손하였다는 주장에 대해서는 불복이 있으므로 명확한 사실관계를 밝혀주실 것을 기대하며 정식재판을 청구하기에 이른 것입니다.

소 명 자 료 및 첨 부 서 류

(1) 약식명령서   1통

○○○○ 년 ○○ 월 ○○ 일

위 피고인 : ○ ○ ○   (인)

청주지방법원 영동지원 약식계 귀중

(9) 정식재판청구서 - 명예훼손죄 사실관계에 대한 조사가 미흡해 벌금이 과다하여
　　정상을 참작해 선처를 호소하는 정식재판청구서 최신서식

정 식 재 판 청 구 서

사　건　：　○○○○고약○○○○호　명예훼손죄

피　고　인　：　○　○　○

서울 남부지방법원 약식계 귀중

정 식 재 판 청 구 서

1.피고인

성명	○ ○ ○	주민등록번호	생략
주소	서울시 양천구 목동로 ○○, ○○아파트 ○○○○호		
직업	회사원	사무실 주 소	생략
전화	(휴대폰) 010 - 2344 - 0000		
사건번호	서울 남부지방법원 ○○○○고약○○○○호 명예훼손		

2.청구취지

　　피고인을 벌금 200만원에 처한다는 약식명령을 ○○○○. ○○. ○○. 송달받았으나, 피고인은 이 약식명령에 대하여 벌금액수가 너무 많아 불복이므로 정식재판을 청구합니다.

3.청구이유

(1) 피고인에 대한 범죄사실에 기재된 내용은 경찰조사에서 진술한 내용과도 상당한 차이가 있으며, 피고인에게 부과된 벌금이 너무 과하오니 정상을 참작하여 주시기 바랍니다.

(2) 범죄사실에 기재된 바와 같이 피고인이 인터넷 웹사이트 게시판에 올린 것으

로 되어 있으나, 피고인이 게시판에 올린 것이 아닙니다.

그러나 피고인이 의도적으로 피해자를 비방할 목적으로 게시판에 글을 올린 것처럼 적시되어 있습니다.

(3) 피고인은 피해자를 알지도 못하는 사람인데 원한도 없고 무슨 이득이 있다고 비방의 글을 올릴 이유 또한 없습니다.

(4) 피고인으로서는 우연히 게시판에 게재된 글을 보고 내용이 잘못된 것을 바로 잡는다는 생각으로 글을 올렸던 것이지 결코 피해자의 명예를 훼손하기 위해 글을 올린 것은 아닙니다.

(5) 수사기관에서는 피고인의 전후 사정에 대하여 일체 수사나 조사를 하지도 않고 피고인이 피해자를 비방할 목적으로 허위사실을 적시하여 명예를 훼손하였다며 피고인에게 벌금 200만원으로 약식명령을 한다는 것은 너무나 억울할 뿐 아니라 피고인에게 부과된 벌금은 취업을 준비하고 있는 피고인의 현재 가정형편으로는 이를 감당할 처지가 안 됩니다.

(6) 앞으로는 절대로 이러한 일이 생기지 않도록 각별히 주의하고 누가 올린 글에 피고인이 토를 달아 피해자에게 그 피해가 돌아갔다면 사죄의 말씀을 드리지만, 이는 피해자의 명예를 훼손하기 위해 피고인이 올림 글이 아님에도 명확한 사실관계를 밝히지 않고 피고인이 올린 글이라고 단정 짓고 이건 처분을 한 것은 잘못된 처분이므로 이를 바로잡기 위하여 정식재판청구에 이른 것입니다.

소 명 자 료 및 첨 부 서 류

(1) 캡처화면   1통

○○○○ 년 ○○ 월 ○○ 일

위 피고인 : ○ ○ ○   **(인)**

서울 남부지방법원 약식계 귀중

정 식 재 판 청 구 서

사 건 : ○○○○고약○○○○호   정보통신망법 부호문언 반복 도달

피 고 인 : ○ ○ ○

전주지방법원 정읍지원 귀중

정 식 재 판 청 구 서

1. 피고인

성명	○ ○ ○	주민등록번호	생략
주소	전라북도 정읍시 ○○로 ○○길 ○○, ○○○호		
직업	상업	사무실 주 소	생략
전화	(휴대폰) 010 - 1248 - 0000		
사건번호	전주지방법원 정읍지원 ○○○○고약○○○○호 정보통신망이용촉진등에 관한 법률위반		

2. 청구취지

피고인을 벌금 200만원에 처한다는 약식명령을 ○○○○. ○○. ○○. 송달받았으나, 피고인은 이 약식명령에 대하여 벌금액수가 너무 많아 불복이므로 정식재판을 청구합니다.

3. 청구이유

(1) 범죄사실의 요지

누구든지 정보통신망을 통하여 공포심이나 불안감을 유발하는 부호 문언 음향 화상 또는 영상을 반복적으로 상대방에게 도달하게 하여서는 아니 된다.

그럼에도 불구하고 피고인은 ○○○○. ○○. ○○. 13:45경 불상의 장소에서 피고인의 휴대전화기로 피해자의 휴대전화기에 '~이'라는 내용의 문자메시지를 전송하여 피해자에게 도달하게 한 것을 비롯하여 위 일시 경부터 ○○○○. ○○. ○○.까지 사이에 별지 범죄일람표 기재와 같이 총 15회에 걸쳐 피해자에게 위와 같은 방법으로 문자메시지를 전송하여 정보통신망을 통하여 공포심이나 불안감을 유발하는 문언을 반복적으로 도달하게 하였다.

(2) 피고인의 범죄는 피해자에 의하여 유발된 범죄

가. 피해자가 보낸 문자메시지

피해자가 보낸 문자메시지를 파일로 첨부하였으니 참고하시기 바랍니다,

나. ○○○○. ○○. ○○. 피해자에 의한 폭행

다. 이 사건 문자메시지 발송 당시상황

(3) 공포심이나 불안감을 유발하지 않았습니다.

가. 피고인이 피해자에게 15회에 걸쳐 별지 범죄일람표 기재와 같이 문자메시지를 보낸 행위가 정보통신망이용촉진및정보보호 등에 관한 법률 제65조 제1항 제3호에 해당한다고 하려면 피고인이 보낸 위 문자메시지가 피해자로 하여금 공포심이나 불안감을 유발하게 하는 글이라고 인정할 수 있어야 합니다.

나. 위 법조항의 '공포심'은 두려워하거나 무서워하는 마음을 가리키는 것이고, '불안감을 유발하는 글'이란 문자로 보내진 통신의 내용이 상대방의 개인적 사정까지 고려하여 객관적으로 상대방에게 걱정·근심이나 약간의 공포심에는 이르지 않는 정도의 두려움을 직접적으로 야기할 정도에 이르는 것을 가리킨다고 이해하여야 할 것입니다.

다. 그런데 위 문자메시지는, 그 내용이 실제로 있었던 피해자의 무분별하고 난잡한 성관계 사실을 피해자에게 알리는 것으로서 어떤 해악을 고지·암시하는 것은 아니고, 그 표현은 피해자의 무분별하고 난잡한 성관계 사실을 비판하는 내용의 단어를 쓰고 있으므로, 표면상으로 위 문자메시지

로 인하여 직접적으로 공포심이나 불안감이 야기될 것으로는 여겨지지 않고, 다만 위 문자메시지를 받는 피해자로 하여금 다소간의 모욕감과 불쾌감을 느끼게 할 수 있을 것으로 보일 뿐입니다.

라, 따라서 위 문자메시지가 피해자에게 공포심이나 불안감을 유발하는 내용이라고 보기 어려우므로 이 부분 공소사실은 범죄의 증명이 없는 경우에 해당하여 무죄라고 할 것입니다.

특히, 범죄일람표 기재와 같은 문자메시지들은 성적인 표현 위주로 되어 있어 설령 모욕감을 줄 수는 있을지언정, 이를 두고 공포심이나 불안감을 유발한다고 보기는 어렵습니다.

더군다나 형벌법규는 문언에 따라 엄격하게 해석·적용하여야 하고, 피고인에게 불리한 방향으로 지나치게 확장해석하거나 유추해석 하여서는 아니 된다는 대법원의 일관된 입장을 감안하여 주시기 바랍니다.

(4) 피고인의 정상참작 사유

피고인은 피해자와 교제하는 과정에서 일어난 이유를 헤어진 것에 감정을 품고 피해자가 먼저 피고인에게 문자메시지를 보내면서 압박을 가한 것에 토로하고 이를 바로잡기 위해 피해자에게 답신으로 보낸 문자메시지로서 누가 보아도 모욕감이나 불쾌감이 없는 것이라는 사실을 참작하여 주시기 바랍니다.

(5) 위와 같은 점을 고려할 때 피고인에 대한 벌금 200만원의 약식명령은 너무도 가중하다 아니할 수 없으므로 피고인은 이에 불복이 있어 정식재판을 청구하기에 이른 것입니다.

소 명 자 료 및 첨 부 서 류

(1) 약식명령서   1통

○○○○ 년 ○○ 월 ○○ 일

위 피고인 : ○ ○ ○   (인)

전주지방법원 정읍지원 귀중

정 식 재 판 청 구 서

사　건 :　○○○○고약○○○○호　사기죄

피　고　인 :　○　○　○

울산지방법원 약식계 귀중

정 식 재 판 청 구 서

1. 피고인

성명	○ ○ ○	주민등록번호	생략
주소	울산시 ○○구 ○○로 ○○길 ○○, ○○○-○○○호		
직업	상업	사무실 주 소	생략
전화	(휴대폰) 010 - 1248 - 0000		
사건번호	울산지방법원 ○○○○고약○○○○호 사기죄		

2. 청구취지

　　피고인을 벌금 500만원에 처한다는 약식명령을 ○○○○. ○○. ○○. 송달받았으나, 피고인은 이 약식명령에 대하여 벌금액수가 너무 많아 불복이므로 정식재판을 청구합니다.

3. 청구이유

(1) 피고인은 피해자와 울산광역시 ○○구 ○○로 ○○에서 상황버섯을 재배하는 농장을 공동으로 투자하여 전국에 있는 거래처로 상황버섯을 공급하는 동업을 했습니다.

(2) 피해자와 피고인은 울산시에서 같이 자랐기 때문에 서로를 너무나도 잘 아는 처지인데 갑자기 경기침체로 사회경기가 약화되어 번번이 재배한 상황버섯

이 폭락을 하는 등 막대한 손해가 발생하는 바람에 피해자와 저는 점점 서로를 믿지 못하고 의심하기 시작했습니다.

(3) 피고인이 피해자의 반대에도 아랑곳 하지 않고 대량의 상황버섯을 재배하는 바람에 상황버섯 값이 폭락했고, 그때 피고인이 고집을 부려 참나무에 종균을 심어 재배한 상황버섯이 성분이 적다는 이유로 결국은 피해자와 같이 운영하던 회사는 문을 닫을 수밖에 없었습니다.

(4) 이에 피해자는 피고인이 회사 돈을 몰래 빼돌려 횡령하고 전혀 경험이 없는 피해자를 감언이설로 속이고 상황버섯농장을 운영하자고 해서 많은 돈을 착복하였다고 고소를 제기했습니다.

(5) 피고인이 피해자에게 상세히 이러한 과정을 설명하지 못하고 설득하지 못한 부분 후회하고 잘못을 인정합니다.
물론 잘 되는 줄만 알았던 사업이 망하였으니 그 만큼 기대가 많았던 피해자가 피고인을 원망하고 의심을 하는 것은 이해가 갑니다.
그러나 피고인이 회사 돈을 빼돌리는 바람에 회사가 망했고 경험이 없어서 버섯농장을 동업하기 싫다고 하는 피해자에게 거짓말로 속이고 많은 동업자금을 가로 채고 손실을 끼쳤다는 피해자의 주장은 사실과는 전혀 다른 억지주장입니다.
피고인이 피해자의 입장이라면 저를 의심하고 원망할 수 있었을 것입니다.
그러나 피고인이 고의적으로 농장의 손실을 끼치고 버섯농장을 망하게 하려고 일부러 상황버섯을 참나무에 종균을 심어 생산하지는 않았습니다.
당시만 해도 상황버섯의 수급이 딸려 가격도 괜찮았고 부가가치는 분명히 있었기 때문에 피해자의 반대에도 제가 강행하다 보니 갑자기 상황버섯 값이 폭락하는 바람에 결국은 피해자와 저에게 막대한 손해를 끼쳤고 농장의 문을 닫게 된 것이지 피고인이 농장의 돈을 빼돌렸다거나 피해자를 속인 사실은 전혀 없습니다.

(6) 위와 같은 사정을 종합하여 피고인에게 혐의를 인정하고 벌금 500만원에 처한다는 이건 약식명령은 사건의 정황이나 피고인과 피해자간의 동업관계 등의 정상을 참작하신다면 너무 가중하게 벌금이 많으므로 벌금을 감액받기 위하여 이 시건 정식재판청구에 이르렀습니다.

소 명 자 료 및 첨 부 서 류

(1) 약식명령서   1통

○○○○ 년 ○○ 월 ○○ 일

위 피고인 : ○ ○ ○   (인)

울산지방법원 약식계 귀중

정 식 재 판 청 구 서

사 건 : ○○○○고약○○○○호 산업안전보건법위반

피 고 인 : ○   ○   ○

인천지방법원 약식계 귀중

정 식 재 판 청 구 서

1.피고인

성명	○ ○ ○	주민등록번호	생략
주소	인천시 ○○구 ○○로 ○○길 ○○, ○○○-○○○호		
직업	현장소장	사무실 주 소	생략
전화	(휴대폰) 010 - 8876 - 0000		
사건번호	인천지방법원 ○○○○고약○○○○호 산업안전보건법 위반		

2.청구취지

　　피고인을 벌금 300만원에 처한다는 약식명령을 ○○○○. ○○. ○○. 송달받았으나, 피고인은 이 약식명령에 대하여 벌금액수가 너무 많고, 공소사실 불인정으로 정식재판을 청구합니다.

3.청구이유

(1) 공소사실 부인

피고인들에 대한 인천지방고용노동청장 작성의 시정명령서에 의하면

① 지하3층 슬라브 단부와 벽체 간 개구부에 추락방지 조치를 하시기 바랍니다.(산업안전보건 기준에 관한 규칙 제43조 제1항)

② 지상1층에서 설치사용 중인 아크용접기의 금속제 외함에 접지를 하시기 바랍니다.(산업안전보건 기준에 관한 규칙 제302조 제1항)

③ 지하수위계(W3) 가′14.12.19. 손망실되어 계측이 불가능한 상황이므로 보강조치(계측기 재설치 또는 재설치 필요여부에 대한 판단 검토)를 하시기 바랍니다.(산업안전보건 기준에 관한 규칙 제347조 제2항)

상당부분 전혀 피고인이 상관이 없는 것이 포함되었으며 피고인이 진술한 내용과도 상당한 차이가 있으므로 공소사실을 부인합니다.

(2) 인천지방고용노동청의 시정명령은 지나칠 정도로 단속에만 의존한 것이지만 피고인으로서는 재해가 전혀 발생하지 않았고 즉시 시정명령에 따라 시정조치를 완료한 피고인에게 산업안전보건법을 위반하였다는 이유만으로 약식기소 한 것은 위법 부당합니다.

(3) 시정명령 ① 항은 근로자들이 전혀 출입하지 않을 뿐만 아니라 폭이 좁아 사용하지도 못하는 개구부에까지 추락방지를 하라는 시정명령에 쫓아 피고인은 바로 추락방지를 설치하였습니다.

시정명령 ② 항의 사용 중인 아트용접기의 금속제 외 함에 접지를 하라는 부분도 아무런 위험요소가 없는 것이지만 피고인은 모두 시정초치를 완료하였습니다.

(4) 피고인들로서는 시정명령 ①, ② 항을 위반하였다고 하더라도 이제 막 공사를 시작한 현장으로서 재해도 없었고 바로 시정조치를 완료한 피고인에게 이렇게 가혹한 처벌을 한다는 것은 불복이 있으므로 명확한 사실관계를 밝혀 주실 것을 기대합니다.

(5) 앞으로는 절대 이러한 일이 생기지 않도록 각별히 주의하고 현장에서 일하는 근로자들에게 재해가 생기지 않도록 만전을 기할 것을 존경하는 재판장님께 다짐하오니 피고인에게 과다하게 부과된 벌금은 너무나 가혹하고 금액이 많으므로 대폭 감액해 주실 것을 호소하고자 정식재판청구에 이르렀습니다.

소 명 자 료 및 첨 부 서 류

(1) 약식명령서   1통

〇〇〇〇 년 〇〇 월 〇〇 일

위 피고인 : 〇   〇   〇   (인)

인천지방법원 약식계 귀중

정 식 재 판 청 구 서

사 건 : ○○○○고약○○○○호 상해

피 고 인 : ○   ○   ○

청주지방법원 충주지원 귀중

정 식 재 판 청 구 서

1.피고인

성명	○ ○ ○	주민등록번호	생략
주소	충청북도 충주시 ○○로 ○○로 ○○길 ○○○,		
직업	상업	사무실 주 소	생략
전화	(휴대폰) 010 - 1345 - 0000		
사건번호	청주지방법원 충주지원 ○○○○고약○○○○호 상해		

2.청구취지

　　피고인을 벌금 200만원에 처한다는 약식명령을 ○○○○. ○○. ○○. 송달받았으나, 피고인은 이 약식명령에 대하여 공소사실 불인정으로 정식재판을 청구합니다.

3.청구이유

(1) 폭행사건으로 상대방이 경찰에 신고하여 조사받고 대질신문하였는데 상대방이 자신이 저지른 일을 피고인에게 뒤집어씌우고 대질신문과정에 담당형사는 피고인을 가해자로 몰고 가며 상대방이 사진을 찍어 보낸 증거라며 실랑이 벌이는 과정에서 팔에 손톱에 할퀴었고 다리를 발로 차 옷에 발자국이 선명하게 남아 있다고 하였습니다.

하지만 오히려 제가 상대방에게 복부를 가격당해 내가 복부를 맞았다고 진술했음에도 그러면 멍이 들어야 한다고 형사가 말하였는데 당시에 저는 복부 쪽에 심한 통증을 느꼈지만 강도가 강하지 않은 탓인지 복부에 멍든 자국은 없다 하여 피고인은 당시에 신었던 슬리퍼를 증거물로 제출하겠다고 하였으나 형사가 하는 말이 아무것이나 증거물로 채택하지는 않는다고 하며 거절하였습니다. 그리고 피고인은 이런 일이 처음이라 피해를 입었음에도 얼굴에 상대방에게 할퀴어 생긴 자국과 살점이 떨어져 나가 피를 흘리고 쓰리고 아픈 상황이었지만 여자들이 싸움을 했다는 것에 창피함과 수치스러움에 사진을 찍어 둘까하다가 별일 없으리라 생각하며 증거자료도 남겨두지 않았습니다.

단지 그날 싸움이 끝난 후 직장상사에게 불려 올라가 있는 자리에서 상대방이 피고인에게 다시 복부에 발길질과 상처가 난 얼굴을 본 증인이었으므로 직장상사를 증인으로 지목했는데 형사는 증인과 면담하였으나 내용은 피고인에게 알려줄 수 없다고 하였고 둘이 합의 하면 벌금 없이 끝난다고 했는데 상대방이 합의 의사가 없는지 연락이 없어 현재 검찰로 송치되어 벌금 200만원의 약식명령을 받은 상태입니다.

(2) 피고인과 상대방의 둘 다 진단서 제출한 상태에서 또 하나 상대방은 진술과정에서 제가 먼저 싸움을 걸었다고 말하며 제가 욕을 입에 담지도 않았는데 자신을 보고 쌍욕을 했다고 진술하고 있었습니다.

(3) 형사는 너그럽게도 그 말을 그대로 믿고 상대방여자에게 아주 나긋나긋하게 대하며 진술서를 받고 있었고 피고인에게는 고래고래 소리를 지르며 아줌마 아줌마라고 하며 편파적인 수사를 해놓고 오히려 피해자인 피고인에게 벌금 200만원이 떨어진 것은 정말 부당하여 무죄를 선고받고자 정식재판청구에 이른 것입니다.

소 명 자 료 및 첨 부 서 류

(1) 약식명령서   1통

○○○○ 년 ○○ 월 ○○ 일

위 피고인 : ○ ○ ○   (인)

청주지방법원 충주지원 귀중

(14) 정식재판청구서 - 공동상해 몸싸움만 하였으며 전혀 폭행을 한 사실이 없으므로
무죄를 선고해 달라는 취지의 정식재판청구서 최신서식

정 식 재 판 청 구 서

사 건 번 호 : ○○○○고약○○○○호 폭력(공동상해)
            ○○○○형제○○○○호

피 고 인 : 1. ○ ○ ○
          2. ○ ○ ○

전주지방법원 형사○단독 귀중

정 식 재 판 청 구 서

1. 피고인1

성명	○ ○ ○	주민등록번호	생략
주소	전라북도 전주시 ○○구 ○○로 ○○, ○○○-○○○호		
직업	회사원	사무실 주 소	생략
전화	(휴대폰) 010 - 1890 - 0000		
사건번호	전주지방법원 ○○○○고약○○○○호 폭력(공동상해)		

피고인2

성명	○ ○ ○	주민등록번호	생략
주소	전라북도 전주시 ○○구 ○○로 ○길 ○○, ○○○호		
직업	회사원	사무실 주 소	생략
전화	(휴대폰) 010 - 2123 - 0000		
사건번호	전주지방법원 ○○○○고약○○○○호 폭력(공동상해)		

2. 청구취지

위 피고인들에 대한 폭력행위 등 처벌에 관한법률위반(공동상해) 피고사건에 관하여 각 벌금 400만원에 처한다는 약식명령등본을 ○○○○. ○○. ○○. 송달받은 바 있으나, 피고인들은 이 명령에 전부 불복하므로 정식재판을 청구합니다.

3. 청구이유

(1) 서론

위 사건에 관하여 피고인들이 청구 외 ○○○과 동 ○○○(이하 이 사건의 "피해자"라 줄여 쓰겠습니다)에게 폭행을 하여 상해를 입혔다고 하여 각 벌금 400만원에 처한다고 하는 약식명령등본이 피고인들에게 송달되었으나 피고인들은 벌금에 액수가 지나치게 많고 공소사실에 불복이 있습니다.

오히려 피고인들이 피해자이고 피해자들이 피고인들을 폭행하였습니다.

피해자들의 주장은 모두 거짓말입니다.

(2) 이 사건의 실체

피고인들은 연인사이로 인천에서 업무와 관련하여 전주에 갔었는데 업무를 마친 후 전주에는 막걸리를 시키면 안주가 20가지 정도 나온다는 소문을 듣고 막걸리를 파는 식당으로 들어가 막걸리를 많이 마신 상태에서 어느 정도 취기가 오른 상태에서 ○○○○. ○○. ○○. 15:20분경 전주시 ○○구 ○○로 ○○에 있는 ○○모텔 입구에서 피해자들에게 피고인들이 아무런 이유 없이 시비를 걸었다고 기재되어 있으나 실제 어깨를 살짝 스친 것에 불과하였던 것이었고, 오히려 피해자의 여자 분이 피고인들에게 참아 입에 담을 수조차 민방하리만치 욕설을 퍼부었습니다.

한편, 피고인1의 여자 친구인 피고인2가 피해자의 여자 친구인 피해자의 몸에 올라타 10여대를 때렸다고도 기재되어 있으나, 이는 결단코 사실과는 전혀 다른 억지주장입니다.

피고인들은 법을 잘 모르고 이러한 일이 처음이고 또한 수사기관에서 조사를 받는 것도 경험이 없어서 아직도 이해가 가지 않는 대목이 많습니다만 피고인의 여자 친구인 피고인2가 피해자의 여자 친구의 몸에 올라타 10여대를 때린 것이 사실이라면 아무리 여자들이라 할지라도 1주간의 치료를 요하는 진단만 나오지 않았을 텐데 피해자들은 ○○경찰서 초등수사 시에 전치 1주간의 진단서만 당랑 제출된 상황에서 거꾸로 폭력을 행사하였다는 피고인의 여자 친구인 피고인2의 피해는 이 보다 훨씬 큰 상해를 입었다면 모두 피해자들이 둘러대는 거짓말만 의존한 채 피고인들에게 혐의 둔 수사기관에서 무엇인가 분명 큰 잘못을 범한 것이므로 피고인들이 정식재판을 청구하게 된 불복이유 중 하나입니다.

(3) 피고인들에게 오히려 피해가 더 큽니다.

피고인1의 여자 친구인 피고인2는 이 사건 폭력으로 인하여 오히려 피해자의 여자가 밀치고 때리는 바람에 땅바닥으로 넘어지는 등 폭력을 당하고 전치 3주간의 치료를 요하는 상해를 입고 병원에서 입원치료를 받는 등 그 치료비만 해도 무려 300만 원가량 지출되었으며, 이에 대한 증거자료는 ○○경찰서에 이미 제출한 상해부위 사진만 면밀히 살펴보더라도 충분히 입증이 되고 그 피해정도가 밝혀지고도 남습니다.

그러나 수사를 담당하던 경찰관이나 그 이외의 수사관들은 우리 피고인들의 진단이나 상해피해에 대하여 입증하려는 자료마저 외면하고 편파수사를 자행하여 여기까지 온 것에 대해 정말 억울한 심정인데 설상가상으로 오히려 이 사건에서 피해자인 피고인들에게 부과한 약식명령에 대한 벌금은 각 400만원에 처한다는 것은 우리 피고인들이 상해를 입은 피해자라는 입장에서 보면 이는 너무나 가혹할 수밖에 없다는 것이 정식재판을 청구하게 된 이유중 하나입니다.

(4) 결어

존경하는 우리 재판장님!

피고인들이 말다툼을 하고 시비를 붙고 몸싸움을 한 것은 사실이지만 그렇다고 해서 피고인들이 잘 했다는 것은 아닙니다.

시비한 부분에 대해서는 입이 열 개가 있더라도 할 말이 없습니다.

피고인들을 걱정하시는 부모님을 생각하면 하늘이 무너져 내릴 것 같습니다. 죄송한 마음으로 앞으로는 절대 이런 일이 생기지 않게 하겠다고 피고인은 우리 여자 친구와 다짐도 하고 서로 맹세했습니다.

우리 피고인들은 처음이자 마지막으로 당해보는 일이라 담당 경찰관이 별것 아니라는 말에 잠시 흔들리기는 하였으나 피고인들에 대한 억울한 부분을 모두 배척하고 편파수사를 자행한 경찰관에게 혐의사실에 대하여 완강히 부인하고 억울한 누명을 벗겨달라고 호소하였는데 모두가 이상하게 꼬여가고 있어 억울하고 분해서 밤새도록 한잠도 못자고 뜬눈으로 보내고 있고 직장에도 언제 어떻게 될 지 장담할 수 없는 상황에 처한 피고인들에게 엄청나게 큰돈을 벌금으로 내라는 것은 부당합니다.

피고인들이 시비하고 다툼을 했다고 해서 엄청난 벌금을 내야할 만치 잘 못하지 않았다는 것을 헤아려 주셨으면 고맙겠습니다.

다시 한 번 호소합니다.
우리 피고인들에게 무죄를 선고해 주셨으면 합니다.

무죄가 허용되지 않는다면 우리 피고인들의 형편을 고려하시어 피고인들이 납부해야 할 벌금을 대폭 감액해 주시면 앞만 보고 서로 사랑하며 여자 친구와 열심히 살겠습니다.

재판장님께서 판단하시고 결정하시는 결과에 따라 피고인들은 생계와 운명이 달려있습니다.

다시 한번 선처를 호소합니다.
꼭 부탁드립니다.

소 명 자 료 및 첨 부 서 류

(1) 피고인2 ○○○에 대한 진단서   1통

○○○○ 년 ○○ 월 ○○ 일

위 피고인1 : ○ ○ ○   (인)

위 피고인2 : ○ ○ ○   (인)

전주지방법원 형사○단독 귀중

정 식 재 판 청 구 서

사 건 : ○○○○고약○○○○호 정보통신망법 위반

피 고 인 : ○ ○ ○

인천지방법원 부천지원 귀중

정 식 재 판 청 구 서

1. 피고인

성명	○ ○ ○	주민등록번호	생략
주소	경기도 김포시 승가로 ○○길 ○○, ○○○-○○○호		
직업	회사원	사무실 주 소	생략
전화	(휴대폰) 010 - 3421 - 0000		
사건번호	인천지방법원 부천지원 ○○○○고약○○○○호 정보통신망이용촉진 및 정보보호등에 관한 법률위반(정보통신망침해 등)		

2. 청구취지

피고인을 벌금 300만원에 처한다는 약식명령을 ○○○○. ○○. ○○. 송달받았으나, 피고인은 이 약식명령에 대하여 벌금액수가 지나치게 너무 많아 불복이므로 정식재판을 청구합니다.

3. 청구이유

(1) 범죄사실의 요지

위 사건에 관하여 피고인이 인터넷 네이버 카페아이디를 인터넷 사이트에서 아이디와 비밀번호를 올려놓았던 곳이라 아무런 뜻도 없이 될 수 있을까 하는 생각으로 해보았던 것인데 가능이 가능하여 사용해본 것이 발단이 되어 정보통신망이용촉진및정보보호등에관한법률위반(정보통신망침해 등) 혐의로 조사를 받고 벌금 300만원에 처한다는 약식명령등본이 피고인에게 송달되었으나, 피고인은 벌금에 액수가 지나치게 너무 많아 부당합니다.

피고인은 정말 잘 모르고 호기심으로 안 되겠지 하고 한번 해본 것이 가능하여 한번 해본 것뿐인데 이렇게 어마어마한 큰돈을 벌금으로 내야한다는 것이 너무나 가혹합니다.

피고인은 전라북도 ○○시 ○○면 ○○대로 ○길 ○○, 소재의 ○○대학교 스포츠레저학과에 다니다가 가정형편이 어려워서 자퇴 중인 1990년생으로서 매우 생활형편이 열악하여 현재 피고인이 사용하고 있는 휴대폰도 어머님 소유의 휴대폰을 사용하고 있을 정도로 어렵게 살며 취업을 준비 중에 있습니다.

(2) 이 사건의 실체

우연히 피고인은 인터넷 네이버 카페아이디를 인터넷 사이트에서 아이디 비밀번호를 올려놓았던 곳이 있어서 호기심이 유발되어 될 수 있을까하는 생각으로 한번 해봤더니 사용이 가능하여 사용하게 된 것은 피고인으로서는 전혀 죄가 되는 줄도 모르고 죄가 안 된다는 착오에 빠져 이 사건 범행을 한 것으로 본다면 피고인에게 내려진 벌금의 액수는 피고인의 가정형편을 고려한다면 지나치게 무겁고 가혹하게 많은 벌금입니다.

(3) 피고인의 매우 열악한 가정형편

피고인은 이제 막 26세 된 어린 학생으로서 가정형편이 어려워서 다니던 학교까지 자퇴하고 한 푼이라도 벌어서 가사를 도와야 먹고 살 수 있을 정도로 피고인의 가정형편은 매우 어렵습니다.

피고인이 조기에 취업해 가사에 도움이 되고자 열심히 노력하고 있습니다만 취업하기란 그리 쉽지 않았고 틈틈이 아르바이트를 해가며 부모님을 돕고 있는 실정을 감안한다면 엄청난 벌금도 벌금이지만 벌금을 낼 형편이 되지 못해 십자가를 메라는 벌금이 너무나 얄밉고 원망스럽습니다.

피고인을 위해 허드렛일도 마다하지 않는 어머님의 아들인 제가 가사에 도움이 되지는 못했습니다만 범죄자의 아들에서 벗어나 불쌍한 우리 어머님을 위해 효도하며 살고 싶습니다.

앞으로 제가 나아가야할 길은 구만리인데 잠시 저 자신을 망각하고 이 같은 일을 저지르고 하루에도 몇 번씩 참회의 눈물을 흘리고 있습니다.

가슴이 아플 대로 아파서 이렇게 통곡하며 선처를 호소할 수밖에 없는 처지가 야속하기까지 합니다.

피고인이 모르고 한 것이지만 이제 와서 보면 무조건 잘못한 것은 맞습니다.

입이 열 개라도 할 말이 없습니다.
피고인이 납부해야 하는 벌금은 무려 300만원입니다.
저에게는 상상할 수도 없는 엄청나게 큰돈입니다.

우리 어머님이 남에 집 식당주방에서 하루 온종일 허드렛일을 하시고 번 돈으로 겨우 우리 식구들이 먹고살고 있는 피고인에게 이렇게 많은 돈을 벌금으로 내라는 것은 허탈감마저 듭니다.

다시는 이런 일에 들어서지도 않고 쳐다 보지도 않겠습니다.

아닌 길은 가지도 말았어야 하는데 제가 생각해도 왜 이런 짓을 했는지 후회가 막심합니다.

이러한 피고인의 사정을 헤아려 주시고 가정형편을 고려하시어 선처해 주시면 다시는 이런 일 생기지 않게 하겠습니다.
이렇게 어렵게 사는 피고인의 형편을 감안하시어 선처를 호소합니다.

(4) 선처호소

저 좀 한번만 용서해주시고 한 번만 살려주시면 다시는 앞으로 절대 이런 일 없도록 하겠습니다.

사회 초년생인 피고인에게 아무것도 모르고 죄가 되는 줄도 모르고 호기심으로 한 범행입니다.

형편이 어려워서 벌금을 낼 형편이 되지 못하는 피고인에게 벌금이라는 족쇄로 일방적으로 몰아붙이는 것은 지나친 힘의 사용이라고 생각도 듭니다.

피고인에 대한 범법행위에 대한 엄벌도 필요하지만 피고인의 가정형편으로는 도저히 낼 수 없는 과중한 벌금을 부과하는 것은 경제능력이 미약한 저와 같은 학업을 자퇴하고 취업을 준비하고 있는 피고인에게는 유전무죄 무전유죄라는 자조적인 허탈감마저 주게 되고 이는 법의 존엄성과 정당성마저 손상할 수도 있다고 생각합니다.

정말 어렵게 사는 피고인의 가정형편을 감안하시어 벌금을 취소시켜 주시거나 대폭 감액해 주셨으면 고맙겠습니다.

피고인이 저지른 범죄를 진심으로 잘못을 깊이 뉘우치고 반성합니다.
평생 잘못을 뉘우치며 반성하고 또 반성하겠습니다.
정말 죽을죄를 졌습니다.

앞으로 인생을 살아가며 후회할 짓은 두 번 다시는 하지 않겠습니다.
부디 피고인의 어려운 가정형편과 아무것도 모르는 우리 불쌍하신 노모님을 헤아려주시고 피고인에게 선처를 호소합니다.

법 이전에 한 인간인 피고인을 불쌍히 여기고 자비로우신 재판장님의 판결이 피고인으로 하여금 다시금 기회를 주시고 피고인을 위하여 남의 집 식당 주방에서 허드렛일도 마다하지 않는 노모님께 격려와 위안이 될 것이라고 믿어 의심치 않습니다.
부디 선처를 부탁드립니다.

소 명 자 료 및 첨 부 서 류

(1) 약식명령서   1통

○○○○ 년 ○○ 월 ○○ 일

위 피고인 : ○ ○ ○   (인)

인천지방법원 부천지원 귀중

(16) 정식재판청구서 - 식당영업 업무방해 항의한 것이며 잘못한 것이 없으므로 무죄를 선고해 달라는 취지의 정식재판청구서 최신서식

정 식 재 판 청 구 서

사 건 : ○○○○고약○○○○호 업무방해죄

피 고 인 : ○ ○ ○

대구지방법원 안동지원 귀중

정 식 재 판 청 구 서

1.피고인

성명	○ ○ ○	주민등록번호	생략
주소	경상북도 안동시 ○○로 ○길 ○○○, ○○○-○○○호		
직업	공업	사무실 주 소	생략
전화	(휴대폰) 010 - 1248 - 0000		
사건번호	대구지방법원 안동지원 ○○○○고약○○○○호 식당영업 업무방해		

2.청구취지

피고인을 벌금 200만원에 처한다는 약식명령을 ○○○○. ○○. ○○. 송달받았으나, 피고인은 이 약식명령에 대하여 공소사실에 대한 불복이므로 정식재판을 청구합니다.

3.청구이유

(1) 공소사실의 요지

피고인은 ○○○○. ○○. ○○. 20:20경부터 같은 날 24:05까지 사이에 경상북도 안동시 ○○로 ○○, ○○빌딩 2층 피해자가 운영하는 아름다운호프집에서 그곳 여종업원 ○○○(여 26세)를 피고인이 옆자리에 동석시켜달라고 요구하였으나 피해자가 이를 들어주지 않는다는 이유로 호프집 테이블에 앉아서 큰소리로 떠들며 재떨이를 바닥에 던지는 등 소란을 피워 당해 호프집에 들어오려던 손님들이 들어오지 못하게 함으로써 위력으로써 피해자의 일반음식점영업업무를 방해하였다는데 있습니다.

(2) 사건의 실체

가. 피해자의 불친절

피해자는 위 공소사실에 기재된 일시에 피고인이 옆자리에 여종업원을 동석시켜주지 않는다고 앙심을 품고 재떨이를 바닥에 집어던져 소란을 ldns 것으로 주장하고 있으나 이는 사실과 전혀 다른 억지주장입니다.

피고인이 재떨이를 집어던진 사실도 없습니다.

테이블에 있던 재떨이가 바닥으로 떨어진 것뿐입니다.

피고인이 여자종업원을 동석시켜주지 않자 앙심을 품고 재떨이를 집어던졌다는 것도 거짓말입니다.

이미 여자종업원은 피고인의 자리에 동석하여 같이 술을 마시고 있었기 때문에 모두가 거짓말입니다.

다만, 안주를 시켰는데 장시간이 다 되도록 안주를 가져오지 아니하여 약간의 언쟁은 있었으나 재떨이를 집어던지거나 손님들이 호프집으로 등러오지 못하게 피고인은 난동을 부리지도 않았습니다.

나. 이 또한 안주를 늦게까지 가져오지 않아서 피해자의 불친절에서 비롯된 것인데 모두 피해자가 앙심을 품고 피고인에게 죄를 뒤집어씌운 것입니다.

(3) 수사과정

가. 피고인은 수사기관에서도 피해자의 주장은 모두 조작된 것이라고 진술하였으나 피고인의 주장은 아랑곳하지 않고 피해자의 주장만 의존 한 채 여기까지 온 것이야 말로 이 사건 약식명령은 부당하기 때문에 정식재

판을 청구하게 된 불복이유 중 하나입니다.

나. 피해자의 주장만으로 피고인에게 혐의를 둔 수사기관에서 무엇인가 분명 큰 잘못을 범한 것이므로 피고인이 정식재판을 청구하게 된 불복이유 중 하나입니다.

(4) 결론

피고인으로서는 여기까지 오고 재판을 받는다는 것 자체가 너무나도 억울하고 분합니다.

피고인은 잘못한 것이 없습니다.

잘못한 것이 있다면 안주가 늦게까지 가져오지 아니하여 항의한 것뿐입니다.

이러한 항의도 손님으로서 당연히 할 수 있는 수준에 불과하였고 더구나 손님들이 들어오지 못하게 난동을 부린 사실은 더더구나 없었습니다.

아무런 잘못도 한 일이 없는 피고인에게 꼭 무죄를 선고해 억울한 누명을 벗겨주시기 바랍니다.

소 명 자 료 및 첨 부 서 류

(1) 약식명령서   1통

○○○○ 년 ○○ 월 ○○ 일

위 피고인 : ○ ○ ○   (인)

대구지방법원 안동지원 귀중

(17) 정식재판청구서 – 성매매알선 등 벌금 500만원 약식명령 지나치게 가혹하여 불복 감액을 호소하는 취지의 정식재판청구서 최신서식

정 식 재 판 청 구 서

사 건 번 호 : ○○○○고약○○○○호 성매매알선 등

피 고 인 : ○ ○ ○

남부지방법원 약식계 귀중

정 식 재 판 청 구 서

1.피고인

성명	○ ○ ○	주민등록번호	생략
주소	서울시 강서구 화곡로 ○○, ○○○-○○○호		
직업	사원	사무실 주 소	생략
전화	(휴대폰) 010 - 6287 - 0000		
사건번호	서울남부지방법원 ○○○○고약○○○○호 ○○○○형제○○○○호		

2.청구취지

　　피고인을 벌금 500만원에 처한다는 약식명령을 ○○○○. ○○. ○○. 송달받았으나, 피고인은 이 약식명령에 대하여 벌금액수가 너무 많다는 이유로 불복이므로 정식재판을 청구합니다.

3.청구이유

(1) 범죄사실의 요지

　　위 사건에 관하여 피고인은 서울시 ○○구 일대에서 ○○보도라는 상호로 보도방을 운영하면서 벼룩시장 등을 통하여 여직원을 모집한 유흥접대부를 1명당 소개비 1만원을 받고 유흥주점에 공급하여 주기로 하고 노래빠를 운영하는 상피고인에게 소개비명목으로 1만원을 받았다는 혐의로 조사를 받고 벌금 500만 원에 처한다고 하는 약식명령등본이 피고인에게 송달되었으나, 피고인은 벌금에 액수가 지나치게 너무 많아 공소사실에 불복이 있습니다.

피고인으로서는 공소사실에 의하면 벼룩시장에 광고를 낸 것으로 주장하고 있고, 마치 직업적으로 여직원을 모집하여 노래 빠에 공급해 주는 것으로 되어 있지만 사실은 상당한 부분에 불만이 있지만 실제 일어난 일이 그와 비슷하게 일어났던 것이라 모두 시인하고 자복하고 반성하는 마음으로 모두 인정한 것입니다.

실제 벼룩시장에 광고를 내지도 않았고 피고인이 이 사건 이전에 유흥업소에서 종업원으로 근무할 때 조금은 알고 지내던 여성을 소개해준 것이 이렇게 큰 무리를 일으키고 큰 죄가 되는 줄은 꿈에서도 몰랐습니다.

이러한 피고인에게 벌금 500만원에 처한다는 형벌은 정말 너무나 가혹합니다. 피고인이 혐의를 부인하고 책임을 지지 않고 빠져나가려는 것은 절대 아닙니다.

그렇다고 해서 이렇게 어마어마한 큰돈을 벌금으로 내야한다는 것이 너무나 가혹합니다.

입이 열 개라도 할 말은 없습니다.
곰곰이 생각하면 잘못한 점 깊이 뉘우치고 반성하고 있습니다.

피고인으로서는 현재도 마찬가지지만 이 사건 이전에도 한진택배에서 택배 일을 하고 있었는데 우연히 전에 근무하면서 알게 된 여성을 만났는데 그 여성이 현재 쉬고 있다며 일할 자리 좀 알아봐 달라고 해서 아무런 생각도 없이 소개하면서 이번과 같은 일이 생긴 것이지 의도적으로 이런 일을 한 사람은 아닙니다.

택배일도 이제는 오래전의 있었던 수입이 보장되지 않고 어렵습니다.

피고인이 죽도록 택배 일을 해서 벌어오는 돈이 고작 100여만 원에 불과합니다. 이 돈으로 피고인은 처와 어린 딸과 어린 아들을 부양하고 살아가기조차 정말 힘든 형편에서 5개월 동안이나 벌어서 갚아야 하는 벌금은 너무나 많고 가혹합니다.

(2) 매우 열악한 가정형편

피고인은 택배 일을 하여 얻어지는 한 달에 수입이 100만 원 정도를 가지고 처와 어린 딸과 아들을 부양하고 있는데 가정형편이 어려워서 어린 아이들의 학비에도 턱 없이 부족한 실정에서 한 푼이라도 줄여야겠다는 생각으로 담배까지 끊고 술도 아예 끊고 살아가고 있습니다.

이러한 형편에서 피고인에게 십자가를 메라는 벌금이 너무나 얄밉고 원망스럽습니다.

피고인의 처는 어린 아이들의 학비라도 벌어보겠다고 남의 식당에 나가서 허드렛일도 마다하지 않는 집사람을 생각하면 정말 가슴이 미어집니다.

앞으로 제가 나아가야할 길은 구만리인데 잠시 저 자신을 망각하고 이 같은 일을 저지르고 하루에도 몇 번씩 참회의 눈물을 흘리고 있습니다.

가슴이 아플 대로 아파서 이렇게 통곡하며 선처를 호소할 수밖에 없는 처지가 야속하기까지 합니다.

이제 와서 보면 무조건 잘못한 것은 맞습니다.
입이 열 개라도 할 말이 없습니다.

제가 납부해야 하는 벌금은 무려 500만원입니다.
저에게는 상상할 수 없는 엄청나게 큰돈입니다.
피고인이 번 돈으로 겨우 우리 식구들이 먹고살고 있는 피고인에게 이렇게 많은 돈을 벌금으로 내라는 것은 허탈감마저 듭니다.

다시는 이런 일에 들어서지도 않고 처다 보지도 않겠습니다.

아닌 길은 가지도 말았어야 하는데 제가 생각해도 왜 이런 짓을 했는지 후회가 막심합니다.

이러한 피고인의 사정을 헤아려 주시고 가정형편을 고려하시어 선처해 주시면 다시는 이런 일 생기지 않게 하겠습니다.

이렇게 어렵게 사는 피고인의 형편을 감안하시어 선처를 호소합니다.

저 좀 한번만 용서해주시고 한 번만 살려주시면 다시는 이런 일 없도록 하겠습니다.

피고인은 아무런 뜻도 없이 죄가 되는 줄도 모르고 아는 여성을 소개해 줬다고 해서 형편이 어려워서 벌금을 낼 형편이 되지 못하는 피고인에게 벌금이라는 족쇄로 일방적으로 몰아붙이는 것은 지나친 힘의 사용이라고 생각도 듭니다.

피고인에 대한 범법행위에 대한 엄벌도 필요하지만 피고인의 가정형편으로는 도저히 낼 수 없는 과중한 벌금을 부과하는 것은 경제능력이 미약한 피고인에게는 너무나 가혹하다고 생각합니다.

정말 어렵게 사는 피고인의 가정형편을 감안하시어 벌금을 대폭 감액해 주셨으면 고맙겠습니다.

제가 저지른 범죄를 진심으로 잘못을 깊이 뉘우치고 반성 많이 했습니다.
평생 잘못을 뉘우치며 반성하고 또 반성하겠습니다.
정말 죽을죄를 졌습니다.

앞으로 인생을 살아가며 후회할 짓은 두 번 다시는 하지 않을 것입니다.

잠시 어린아이들을 생각하지 못하고 이러한 범행을 하게 되어 미칠 것 같습니다.

아이들만 바라보면 저 자신이 얼마나 창피하고 부끄러운 짓을 했는지를 자복하며 피눈물을 흘리며 반성하고 또 반성하겠습니다.

법 이전에 한 인간인 피고인을 불쌍히 여기고 자비로우신 재판장님의 판결이, 피고인으로 하여금 다시금 기회를 주시고 피고인을 위하여 허드렛일도 마다하지 않는 아내와 이제 초등학교 다니는 어린아이들에게 격려와 위안이 될 것이라고 믿어 의심치 않습니다.

부디 선처를 부탁드립니다.

소 명 자 료 및 첨 부 서 류

(1) 약식명령서   1부

(2) 가족관계증명서   1부

○○○○ 년 ○○ 월 ○○ 일

위 피고인 : ○ ○ ○   (인)

남부지방법원 약식계 귀중

정 식 재 판 청 구 서

사 건 번 호 : ○○○○고약○○○○호

　　　　　　　　가. 특정범죄가중처벌등에관한법률위반(도주차량)

　　　　　　　　나. 도로교통법위반(사고 후 미조치)

피 고 인 : ○　○　○

대구지방법원 ○○지원 귀중

정 식 재 판 청 구 서

1. 피고인

성명	○ ○ ○		주민등록번호	생략
주소	경상북도 ○○시 ○○로 ○○길 ○○, ○○○호			
직업	무직	사무실 주 소	없습니다.	
전화	(휴대폰) 010 - 1234 - 0000			
사건번호	대구지방법원 ○○지원 ○○○○고약○○○○호 도로교통법위반(사고수습미조치 도주차량) 등			

2. 청구취지

　피고인을 벌금 500만원에 처한다는 약식명령을 ○○○○. ○○. ○○. 송달받았으나, 피고인은 이 약식명령에 대하여 벌금액수가 너무 많고, 공소사실 일부 인정할 수 없다는 이유로 불복하여 정식재판을 청구합니다.

3. 청구이유

　(1) 사고발생

　　피고인은 ○○○○. ○○. ○○. ○○:○○경 ○○로○○○○호 ○○○승용차를 운전하여 대구경부고속도로 내륙지선 하행선 현풍기점 41키로 지점 부근을 편도1차로에서 2차로로 차로 변경을 하게 되었다.

이러한 경우 자동차운전업무에 종사하는 자로서는 차간거리 지시등을 작동하여 그 진로변경을 예고함은 물론 전후좌우를 살피고 차선을 변경하여야 할 업무상주의의무가 있었다.

그럼에도 불구하고 피고인은 이를 게을리 한 채 차간거리를 유지하지 않고 차로를 변경한 과실로 때마침 같은 방향 2차로를 진행하던 피해자 운전의 ○○구○○○○호 ○○승용차가 피고인의 차를 피하기 위해 그 앞차의 범퍼 부분으로 도로 우측 철재 가드레일을 충격케 하여 결국 피고인은 위와 같은 업무상 과실로 피해자 김승학에게 약 6주간의 치료를 요하는 우측 무지 신전건 파열상을 입게 함과 동시에 약 ○○○만원 상당의 수리비가 들도록 위 피해자차량을 손괴하고도 곧 정차하여 피해자를 구호하는 등 필요한 조치를 취하지 아니하고 그대로 도주하였다는데 있습니다.

(2) 피고인은 사고사실을 전혀 알지 못했습니다.

피고인은 이 사건 사고가 발생한 사실도 전혀 몰랐고 조수석에 앉아간 언니가 뒤에 따라오던 차량이 사고가 난 것 같다고 해서 차량을 피고인이 당장 세우려고 했지만 고속도로인데다 오고가는 차량들이 너무나 많아서 도저히 정차할 수가 없어서 옆에 있는 언니에게 동부화재로 연락하게 하고 차량을 정차할 장소를 찾지 못해 인근에 있는 휴게소까지 이동한 것입니다.

피고인이 도주할 생각이 있었다면 피고인이 가입한 동부화재에 언니에게 전화하고 어느 지점에서 사고신고가 적부 되어 있으면 해결해 달라고 신고할 이유도 없을 텐데 수사기관에서는 무조건 하고 피고인이 도주한 것으로 사고수습 미 조치로만 몰아붙이고 있어서 억울합니다.

(2) 차량을 세울 수가 없었습니다.

하지만, 피고인은 오고가는 차량들이 너무나 많아서 차량을 급히 정차할 수 있는 상황이 아니었기 때문에 하는 수 없이 차량을 정차할 장소를 찾으면서 이동할 수밖에 없었습니다.

정말 정차할 공간이 있었다 하더라도 피고인의 운전은 서툴렀기 때문에 정차할 수 없었습니다.

(3) 보험회사에 사고적부

이 사건 사고에 대하여 피고인의 잘못이지만, 알았다고 하더라도 당장 정차할 장소가 없었기 때문에 피고인은 차량을 정차할 장소를 물색하면서도 피고인의 언니로 하여금 보험회사로 어느 지점에서 일어난 사고에 대하여 사고적부가 있으면 연락하여 조치를 취해달라고 사고적부를 하였던 것입니다.

(4) 피행하다 일어난 사고라 피고인이 모를 수 있었습니다.

한편 피고인의 차량이 피해자의 차량과 추돌사고가 있었다면 알 수 있었을 텐데 뒤 따라오던 피해자의 차량이 피고인이 2차선으로 차선변경을 하자 이를 피하려다 가드레인을 충격하는 사고로서 운전이 서툴렀던 피고인으로서는 모를 수 있습니다.

(5) 처분의 부당

이와 같은 상황에서 수사기관에서는 피고인을 도주차량으로 인정하였고, 사고를 수습하지 않았다며 도로교통법위반으로 각 약식기소 처분한 것은 부당합니다.

피고인은 운전이 서툴렀기 때문에 뒤따라오던 피해자의 사고 또한 몰랐던 것인데 동승한 언니가 뒤따라오던 차량이 사고 났다고 하는 바람에 그때서야 피고인은 아 차선변경 때문일 수도 있다는 생각을 하게 되어 바로 차량을 정차하려고 했으나 고속도로여서 오고가는 차량들이 많아 도저히 차량을 세울 수가 없어서 이동하면서 언니에게 동부화재에 사고적부를 하라고 하였고 언니가 신고를 하였고, 피고인은 오도 갈 수도 없는 상황에서 휴게소까지 가서 차량을 정차한 것입니다.

이러한 피고인의 사정을 감안한다면, 피고인에게 처한 벌금 500만원은 너무나 무겁고 가혹한 처분입니다.

피고인은 이번의 사고로 인하여 아예 운전을 하지 않을 생각으로 많은 것을 뉘우치고 반성하고 있습니다.

(6) 결어

피고인은 운전은 서툴지만 단 한번 도 교통사고를 낸 사실도 없고 도저히 차량을 정차할 수 없었고 언니를 통해서 알게되어 바로 언니를 통하여 동부화재에 사고신고적부를 하고 차량을 정차할 수 없어서 휴게소까지 간 것인데 피고인을 도주차량으로 몰아 부치고 사고수습을 하지 않았다는 이유로 피고인의 변소자체를 들어 주지도 않고 일방적으로 벌금 500만원으로 약식기소 한 처분은 사고경위와 피고인의 당시 상황 등을 참작한다면 너무 무겁고 가혹하여 피고인의 가정형편을 고려하여 감액해 주셨으면 하는 마음이 간절하여 정식재판청구에 이른 것입니다.

피고인은 정말 어렵게 살고 있습니다.

다니던 직장도 퇴직하였지만 현재에 이르기까지 직장을 구하지 못하고 별지 첨부한 고용보험수급자격증명서와 같이 실업급여를 받고 간신히 생계를 유지하고 있는 피고인에게는 벌금 500만원이 너무나 큰돈입니다.

피고인이 벌금을 낼 수 있는 입장이나 형편이 그리 넉넉하지 못해 이러지도 저러지도 못하는 애틋한 사정을 두루 살펴주시고 피고인이 낼 수 있는 형편만큼의 벌금으로 대폭 감액해 주셨으면 정말 고맙겠습니다.

소 명 자 료 및 첨 부 서 류

(1) 고용보험수급자격증   1통

○○○○ 년 ○○ 월 ○○ 일

위 피고인 : ○ ○ ○   (인)

대구지방법원 ○○지원 귀중

■ 편 저 대한법률콘텐츠연구회 ■

(연구회 발행도서)

· 지급명령 이의신청서 답변서 작성방법
· 새로운 고소장 작성방법 고소하는 방법
· 민사소송 준비서면 작성방법
· 형사사건 탄원서 작성 방법
· 형사사건 양형자료 반성문 작성방법
· 공소장 공소사실 의견서 작성방법
· 불기소처분 고등법원 재정신청서 작성방법
· 불 송치 결정 이의신청서 재수사요청

약식명령 벌금감액을 위한 정식재판청구 실무지침서
약식명령 정식재판 벌금감액

2025년 05월 20일 인쇄
2025년 05월 25일 발행

편   저   대한법률콘텐츠연구회
발행인   김현호
발행처   법문북스
공급처   법률미디어

주소   서울 구로구 경인로 54길4(구로동 636-62)
전화   02)2636-2911~2, 팩스 02)2636-3012
홈페이지   www.lawb.co.kr

홈페이지   www.lawb.co.kr
페이스북   www.facebook.com/bummun3011
인스타그램   www.instagram.com/bummun3011
네이버 블로그   blog.naver.com/bubmunk

등록일자   1979년 8월 27일
등록번호   제5-22호

ISBN   979-11-94820-09-3 (13360)

정가   28,000원

이 도서의 국립중앙도서관 출판예정도서목록(CIP)은 서지정보유통지원시스템 홈페이지(http://seoji.nl.go.kr)와 국가
자료종합목록 구축시스템(http://kolis-net.nl.go.kr)에서 이용하실 수 있습니다.